中国财富出版社有限公司

图书在版编目（CIP）数据

消费时评 / 李振中著．—北京：中国财富出版社有限公司，2021.7
ISBN 978-7-5047-7474-3

Ⅰ．①消…　Ⅱ．①李…　Ⅲ．①消费—文集　Ⅳ．① F014.5-53

中国版本图书馆 CIP 数据核字（2021）第 133857 号

策划编辑 张　婷　**责任编辑** 张红燕　张　婷
责任印制 尚立业　**责任校对** 孙丽丽　**责任发行** 董　倩

出版发行	中国财富出版社有限公司		
社　　址	北京市丰台区南四环西路 188 号 5 区 20 楼	**邮政编码**	100070
电　　话	010-52227588 转 2098（发行部）		010-52227588 转 321（总编室）
	010-52227588 转 100（读者服务部）		010-52227588 转 305（质检部）
网　　址	http://www.cfpress.com.cn	**排　　版**	宝蕾元
经　　销	新华书店	**印　　刷**	宝蕾元仁浩（天津）印刷有限公司
书　　号	ISBN 978-7-5047-7474-3/F·3324		
开　　本	710mm × 1000mm　1/16	**版　　次**	2021 年 8 月第 1 版
印　　张	13.25	**印　　次**	2021 年 8 月第 1 次印刷
字　　数	184 千字	**定　　价**	59.80 元

序言一

闻听振中要把为“消费时评”专栏撰写的系列言论结集成册，很是欣喜。

新闻评论的作用不容小视。《消费日报》的“消费时评”专栏是该报的一大亮点，在读者中已经有了较大的影响。

随着移动互联网技术的快速发展，海量信息借助新媒体等平台快速传播，在此背景下，尤其需要主流媒体发挥更加积极的作用。这种作用不仅体现在快速传播权威准确的新闻内容，同时也体现在通过用观点鲜明的新闻评论传递正确的价值观念，从而对读者和社会舆论进行有力的引导。消费是经济运行中的重要环节，一头对接企业，另一头对接市场，是构建国内国际双循环新格局、促进经济高质量发展的关键环节。没有消费的生产是无效供给，而失去理性的消费则意味着对经济预期的误导。一直以来，《消费日报》紧跟时代的步伐，发表了诸多极具影响力的作品，为推动经济高质量发展和满足人民群众对美好生活需要方面发挥了积极的作用。

振中既是《消费日报》社的社长，也是“消费时评”专栏的主笔之一。他一方面带领报社记者、编辑坚定不移地宣传贯彻习近平新时代中国特色社会主义经济思想；另一方面聚焦经济领域的社会热点，从现象切入，条分缕析、鞭辟入里，为读者揭示新闻事件背后的真相与本质。思想决定高度，从振中写的一系列言论里，既可看到作者对经济理论和政策的扎实功底，也可察悟到他有着很强的学习精神，自觉不断地拓展自身的知识和视野格局。

有幸拜读过多篇振中撰写的“消费时评”文章，评论语言精练，在感性描述的过程中体现出理性思辨，特别是运用典故、术语、成语以及诗词等，给人印象深刻。

振中在新闻媒体工作了近30年，前期在中央电视台农业频道从事编导工作期间，创作了大量优秀的影视作品，荣获了一系列国家级奖项和荣誉。现转报社工作，仅仅两年时间就撰写了50多篇评论文章，不可谓不努力，不可谓不勤奋，记得他最欣赏的座右铭是“天道酬勤”，可见是一位优秀的实践者。

振中请我作序，欣喜同时也倍感压力。不是序言，算是以同理心为业内同行表达几句感受吧。

第十三届全国政协经济委员会委员

中共中央宣传部原出版局局长 新闻局局长

《经济日报》社社长 总编辑

张小影

2021年5月8日

序言二

人人都离不开消费。

当前，我国经济发展已进入新时代，其基本特征就是我国经济已由高速增长阶段转向高质量发展阶段。从当前消费经济的现状来看，解决消费需求不足的问题，须积极推进改革，清除各种限制消费的政策和制约消费增长的体制性障碍，培育良好的消费环境，使消费成为经济增长的主要引擎。生产决定消费的对象、方式、质量和水平，生产为消费创造动力。没有生产就没有消费，物质资料的生产是人类社会赖以存在和发展的基础。同时消费对生产具有重要的反作用，消费拉动经济增长，促进生产的发展。一个新的消费热点的出现，往往能带动一个产业甚至几个相关产业的出现和增长。

中国的市场很大，这是大家的共识。但是，巨大的市场有待开发。如果善于引导，这市场的力量就会迸发出来，就会给我国国民经济的发展带来强劲的增势。凡事预则立，不预则废。通过消费引导，激发蕴藏在广大人民群众中的巨大消费潜力，是整个宏观经济管理中必须要重视的问题。只有激活这盘棋，才能保持国民经济持续快速健康发展。因此，在消费转型升级新时期，探讨消费与经济发展的关系，关注新消费、新趋势、新模式，抓住消费中的热点问题、难点问题就很有意义。这也是作为《消费日报》社社长和总编辑的振中许久以来坚持撰写“消费时评”系列文章的意义之所在。

铁肩担道义，妙手著文章。振中的新作《消费时评》就是一本关注国内产业结构变迁、产业转型和消费升级的书。从振中的《消费时评》系列文章中处处都能看到消费转型升级的评论和观点。振中时刻在关注消费市场、关心消费环境、关爱消费者，他把手中的笔变成舆论引导的利器，领航消费趋势和潮流。

振中从一个长期从事电视工作的电视人，现在成功转型为报业人，可以说通过振中的努力，他的转型是成功的，他所带领的《消费日报》也在走向成功的征程中。面对新时代的要求，振中同志带领《消费日报》社全体员工努力提升报社舆论影响力，关注但不限于文化传媒、消费与服务、医疗健康等领域，他更以实践为基础，关注前沿、注重前瞻，试图以思想性及实践性与读者交流。我相信，只有让专业的议题回归专业的讨论，专业的思维引领专业的观点，思想才能产生更大的力量，对社会进步才更有推动力。与消费相关的话题被广泛关注和讨论时，振中同志总会在第一时间把握住热点，拿出独特观点，提供专业意见，用知识和思想来碰撞，让读者透过纷繁复杂的现象，直击深处、看到本质。

书籍是人类传承思想最好的方式之一。思想是最宝贵的财富，优秀的文字同样值得珍藏，振中同志决定把他的一部分优秀文章整理出来，结集出版，分享给读者，若能引起受众一些启示和共鸣，实乃社会之幸事。

受振中之托，寥寥数语作为序。

国家工信部消费品工业司司长

高延敏

2021年5月12日

目录 Contents

新时代 新消费 新年味

——春节消费升级系列报道

赵州年味新意浓

年，在中国人的心中意味着太多太多，己亥猪年，我回到故乡赵县过年时发现，燕赵地区的百姓春节消费明显升级，年味浓郁，且有新意。

我出生在河北省赵县，这里历史悠久、文化灿烂，春节习俗独特而丰富。赵县，古称赵州，位于河北省省会石家庄市东南约40千米处，总面积675平方千米，人口61万人（2017年）。汉朝时为平棘县，晋时为赵国，北魏时代置赵郡，隋朝改为赵州，于1913年改称赵县。赵县历史源远流长，文物众多，世界闻名的赵州桥、柏林禅寺就是其中代表。赵县经济不算发达，20世纪70年代初出生的我对童年生活记忆深刻。那时，不穿打补丁的衣服，每天能填饱肚子，出门能坐上四轮汽车，过上像城里人一样的好日子成了那时的我心中最大的追求，也是刻苦学习考取好大学的原始动力。那时我对过年的期待不过就是穿件新衣服、吃顿细粮、放放烟花爆竹、看看舞狮表演。在这个层面上讲，食能果腹、衣能蔽体，是众多农村人最原始的“中国梦”。参加工作之后，每逢春节，回家过年、陪伴老人、体验民俗民风、欢度团圆年成为我这个在外漂泊的游子不变的选择，家乡的年味也成为我心头永远的眷恋。

习近平总书记号召在全社会大力弘扬家国情怀，这既是对支撑中华民族生生不息、薪火相传重要精神力量的深刻揭示，也是对中华儿女奋进新时代、展现新作为的极大鼓舞。春节年年过，年味儿大不同，今年春节，浓浓的新时代年味把消费转型升级体现得淋漓尽致。我也感受到了家乡春节年味悄然发生的变化。

食安了：健康乡村新风尚

现如今，人们的年夜饭饭桌上大鱼大肉少了，健康绿色食品多了，更注重食品安全和养生了。年夜饭对于国人的意义非同一般。辛苦了一年的人们，无论离家多远都要回家，无论家在穷乡僻壤，还是繁华的大都市，都要千里迢迢、跋山涉水回家过年，谁也阻挡不住中国人的脚步，这成了海内外华夏儿女年底最大的心愿。一家人男女老少团团圆圆，围坐一起，吃着热腾腾的年夜饭，诉说着一年的思念和眷恋。或成功喜悦，或遇挫艰难，都愿意跟家人说说谈谈，每个人都要举杯，说感谢道祝愿，谈思念论时事，都在年夜饭。作为过年时最隆重的一顿饭，以前往往是将全年吃不上的大鱼大肉往饭桌上端，家境好的人家吃年夜饭时更是鸡鸭鱼肉样样不能少。

但是，我发现今年饭桌上的年夜饭品种悄悄变了——鸡鸭鱼肉少了，蔬菜多了，荤菜少了、素菜多了，精致可口的别样小吃多了；劝吃劝喝的话少了，提醒注重饮食健康的话多了；过去餐桌上大多是大田种植的蔬菜、饲料养殖的畜禽肉，现在端上农家餐桌的大多是有机菜、生态米、排酸肉。过去求吃饱、现在求吃好；过去求吃荤、现在求营养，过去菜量讲年年有余，现在讲“粒粒盘中餐，皆是辛苦换”，够吃就好。之前的年夜饭做加法，现在的年夜饭做减法，农村春节消费也开始精、细、简，吃绿色食品求健康，农村春节市场的消费转型也在悄然发生。

天蓝了：生态乡村新面貌

彩灯彩旗多了，年味浓了，烟花爆竹少了，环境好了。为迎接猪年春节，村里家家户户张灯结彩，挂灯笼、亮霓虹、插彩旗、贴对联，透出了浓浓的年味，尽显喜庆祥和热闹温馨的节日气氛。值得一提的是，新装的街灯给走街串巷的乡亲们带来了极大的便利。晚上的农村街道，一改往日漆黑一片、冷冬无人的局面。年夜饭后，人们两三一群，三五一伙，走亲戚，看朋友，猜谜语、赏灯光，一派喜气繁荣的景象！

今年的赵县有一个非常明显的变化——放烟花爆竹的少了。本村一位经营烟花爆竹的邻居这样说道："现在污染这么严重，空气质量太差，很多地方雾霾严重到让人无法忍受。国家在想方设法解决环保问题、治理环境污染，污染严重的烟花销售量大幅度减少早就猜到了。"就连最喜欢放鞭炮的小孩们兴趣也减少了很多，他们说："烟花爆竹会污染环境，让空气变脏，老师也教育我们尽量少燃放，保护环境。"经济条件稍微好一些的赵县县城往年是鞭炮烟花燃放的大区，今年赵县出台了一项新规定：县城环城路以内严禁燃放烟花爆竹，违规者从严处理。正可谓，环境治理靠大家，有你有我也有他。

村美了：美丽乡村新景色

垃圾不见了，污水不流了，黄土不扬了，村庄变干净了。过去一提到农村，大家往往想到的是垃圾到处堆，污水随意流，整体环境状况可以用"脏乱差"几个字来形容。猪年的春节里，家乡小路干净得竟然让我有点"不适应"了：垃圾堆看不到了——听说是村委会设立了垃圾站，定时定点有人清运垃圾。满街横流的污水不见了——去年村委会用了几个月的时间，铺设了下水道，解决了污水横流的"老大难"问题。飞扬的黄土不见了——主要街道都铺上沥青。一个年味浓浓、生机勃勃的美丽乡村呈现在我的眼前。

村庄环境规划治理之后，村容村貌焕然一新。基础设施建设的投资增加和升级，是消费升级的重要一翼。在政府和村民的共同努力和不断追求下，农村节日市场呈现了巨大的消费潜力。过一个干净环保健康的春节，成了大家的新选择。

网通了：智慧乡村新篇章

互联网接通了，带速提高了，与世界更近了，乡村年味更时尚了。在这个互联互通的新时代，离开网络，我们似乎有点无所适从。这一点在大城市已经展露无遗，没想到在燕赵大地的赵县农村也变成了现实，互联网给农村春节市场展现了年味新意和无限美好的可能。

过去在农村装宽带，没个十天八天的基本不可能。这次回到故乡，听亲戚说家里安装宽带简直太神速了，从提交申请到安装完毕不超过两天，并且网速非常快，Wi-Fi信号无死角全方位覆盖。一条小小的光纤把乡村和城市紧密联系在一起，实现了无缝对接。谈到互联网，一位邻居风趣地说："世界真奇妙，过去不知道，宽带一联通，啥事跑不掉。"

猪年春节回到故乡的家，发现变化确实有点大。有些村子里的智慧村庄公众号已经跟所有场景的数据连接到了一起，从智慧生活到智慧生产，从智慧市场到智慧服务都能连接。值得一提的是，赵县有个村庄的智慧农业生态大棚，在中国农科院部分专家的支持下，将中医农业项目嫁接过来，实现了最前沿科学技术与最基层乡村的无缝对接。很多村庄的Wi-Fi实现了全覆盖，宽带速度甚至比有些大城市还要快，很多事情都可以足不出户就得到解决。有了互联网，丰富多彩的世界呈现在村民的眼前：全国各地的节日庆典、五花八门的庙会、自导自演的乡村春晚、少数民族地区特色的文化演出，等等，坐在家中便可尽情享受。我们不得不感叹，时代变化太快了，村民们坚守了那么多年的传统习俗有的也在悄悄改变，在物质生活更加丰富的同时，人们开始追求精神层面的享受，这或许就是智慧乡村开启的年味新篇章。

【记者后记】新常态：春节消费升级年味浓又新

言不尽，思悠悠。赵县作为中国几千个县域中的一员，折射出的是整个中国的影像。中国经济发展现在进入一个新周期，中国特色社会主义已进入新时代，新时代经济发展也具有新特点，过年消费也可能成为中国未来经济发展的动力之一，越来越浓、越来越新的年味成为经济发展的新象征。独具中国特色的现象级“春运”不是已经体现了这一点吗？春节，是一场大规模的短期人口迁徙，其间的年货、宴请、礼物等的交易量不逊于“双十一”。春节消费经济直观地反映了消费水平和趋势的变化，消费内容升级、消费地域延伸、消费代际更迭的新特点逐渐显现，已经进入需求多元发展、结构不断升级的消费经济新常态。在某种意义上，河北赵县春节期间体现的浓浓年味中的消费变化，就可以看作中国经济变化的缩影：消费已经从传统消费转向新兴消费，从物质消费转向精神消费，从线下消费转向线上消费，从非信用消费转向信用消费，从大众消费转向小众消费。也就是说，消费升级的未来趋势开始包含互联网概念、数字概念、绿色概念、智能概念、个性化定制概念等内容。从河北赵县年味变化中所透射出来的中国消费经济的变化升级也印证了这一点。

时代在变，社会在变，春节消费模式也在变。持续了多少年的放鞭炮、猛吃喝、狂购物的春节过年老三样已经悄然发生改变：吃绿食求健康，喜清洁爱环保，轻物质重精神，弃尘俗迎时尚成了多数人的春节选择，人们更加注重精神层面的新需求。浓浓新年味反映了新时代农村的变化。正可谓：健康乡村风尚改，生态乡村新貌来，美丽乡村新景晒，智慧乡村网速快，消费升级新时代。通过家乡浓浓年味的新变化，也依稀看到了故乡赵州正成为乡村全面治理的样板、生态转型的典范。年味经济已经成为中国经济的“晴雨表”，浓浓的新年味，必将伴随我们迎来一个崭新的时代、崭新的春天。

（本文刊发在《消费日报》2019年2月13日第一版）

02 优化消费环境 推动经济高质量发展

生活不仅仅需要非常惬意的自然环境，也呼唤更加和谐的人文环境，尤其是与我们日常生活息息相关的消费环境，会影响每个人的切身利益，因此引起更多人的关注。

一年一度的“3·15”，中央电视台都会策划制作播出一台重量级的“3·15”晚会，都会在“爆猛料”的节奏中，颠覆着我们的认知。很多我们普遍使用的知名品牌，经常消费的各种商品，甚至我们经常浏览的一些网站和电商，爆出一件又一件质量安全问题。谁都明白：维护消费者权益，远远不是办一台晚会就能解决的。对于我国经济发展来说，消费有力量，经济才有动力。优化消费环境、维护消费者的权益，就是维护我国社会经济发展的希望。

从今年全国“两会”传递出的信号，也能看出我国消费环境的状况。中央政府高度重视消费者权益的保护，高度重视消费环境的建设。政府工作报告显示，2018年国内生产总值增长6.6%，总量突破90万亿元，居民消费价格上涨2.1%，国际收支基本平衡，经济结构不断优化，消费拉动经济增长的作用进一步增强，出台了一系列促进居民消费的政策。与此同时，中央也看到了我国发展存在的问题和挑战：国内经济下行压力加大，消费增速减慢，有效投资增长乏力。实体经济困难较多，民营和小微企业融资难、融资贵问题尚未有效缓解，营商环境与市场主体期待还有差距。在教育、医疗、养老、住房、食品药品安全、收入分配等方面，群众还有不少不满意的地方。

中央提出2019年要继续坚持以供给侧结构性改革为主线，采取更多改革的办法，推动经济高质量发展，实施更大规模减税降费，明显降低企业社保缴费负担，缓解企业融资难、融资贵的问题，采取一系列措施，推动消费稳定增长，改善消费环境，推动消费经济高质量发展。

随着时代的进步，社会的发展，社会消费趋势发生了很大变化，正确认知这些变化非常重要。

（1）尼尔森发布的《2018年中国家庭精明消费报告》显示，中国社会消费正在发生一些以前没有过的变化：一二线城市趋向理性消费，三四五线城市则开始享受消费升级，不少过去只能在一二线城市看到的进口品牌，在下沉市场获得了很好的销量。

（2）新生代的消费力量已经崛起了。经过改革开放40多年的迅猛发展，已经彻底改变了中国人的消费观念，特别是对于"90后""95后"，甚至2000年后出生的孩子，都已经成为消费的主体。这类群体舍得花钱，敢于花钱，也敢于负债。他们大多数都是独生子女，几乎从未挨过饿受过冻，普遍缺乏对苦难的深刻记忆，对于把一分钱掰开当两半花没有任何概念。这个群体已经成为整个社会消费的主流。在他们消费理念当中更多关心关注品牌、品质、品位，而对于价格似乎没有那么敏感。这种不同的消费观念将影响整个消费市场。

（3）电商的发展，迅速拉平了城市间、城乡间的代际差。得益于像淘宝、京东、拼多多这样的电商网站的崛起，电商发展越来越快，物流已经到达了从城市到农村的每一个角落。快递"小马哥"满大街都是，城市间的代际差正在被迅速地收窄，各城市之间、城市与乡村之间在快消品等品类上的消费观已经趋同。

（4）更加注重个性化、定制化消费。追求个性、追求与众不同成为新的消费趋势。更多人开始追求个性化消费而不是大众化的消费，追求定制化的消费，追求时尚消费、追求自我消费。这些都是整个消费环境的变化和趋势。

通过这些现象可以充分看出经济发展进入了新常态，消费结构发生了变化、消费环境也有了改变。

国家统计局数据显示，2018年消费对经济增长的贡献率高达76.2%，消费已经成为经济增长的第一驱动力，因此优化消费环境，可以有效推动消费高质量发展。

（本文刊发在《消费日报》2019年4月1日第一版）

03 消费品牌打造永远在路上

党的十九大报告明确提出，中国特色社会主义进入了新时代，这是我国发展的新的历史方位。我国社会的主要矛盾已经转变为人民日益增长的美好生活需要与不平衡不充分的发展之间的矛盾。这种不平衡不充分发展体现在政治、经济、文化等方面，体现在各个行业和部门。对消费市场来讲，体现为对高端消费品牌的需求大幅度增加。经过改革开放40多年的快速发展，我国经济飞速增长，GDP大幅度提升，老百姓的温饱问题已经得到解决，日子也越来越好。就是说，吃得饱不饱的问题已经得到解决，食不果腹、衣不蔽体的时代已经过去，现在的矛盾是吃得是否健康，穿得是否有品位。

因此，在新时代，要顺应居民消费升级要求，生产、提供更多优质的品牌消费品投放市场，满足人民大众对美好生活的需求。

什么是品牌呢？品牌的原始意思就是“烙印”，它非常形象地表达了品牌的真谛——在消费者心中留下烙印。品牌其实就是“品”和“牌”，“品”就是品质或产品质量，是企业的品；“牌”就是口碑，就是在消费者心目中留下的美好“烙印”和美誉度，是消费者的牌。

面对消费升级，消费品牌打造是一个持续、永恒、不断创新的过程。众所周知，很多情况下20%的消费品牌可能占据80%的市场份额，没有品牌、没有质量的产品和服务越来越不被消费者所接受。品牌不是一朝一夕能打造出来的，需要有完善的制造体系和产品质量标准来支撑。因此从中国制造到中国创造，从中国速度到中国质量，从中国产品到中国品牌，从中国品牌到中国名牌，从中国名牌到国际名牌，这就是一个持续不断的改变、调整、提升，最终打造为知名品牌的过程。

消费品牌打造离不开创新。打造品牌是一种创新、是一个转变、是历史和时代的选择。习近平总书记高度重视品牌建设，在党的十九大报告中指出，“创新是引领发展的第一动力，是建设现代化经济体系的战略支撑”。品牌建设离不开创新。在品牌建设中必须深入实施创新驱动发展战略，在产品、服务、技术、市场、业态、管理等诸多方面进行创新。用创新不断增强中国制造的附加值和吸引力，推动中国品牌的建立，增加中国品牌的影响力、公信力和领导力，培育中国品牌的忠诚度。创新是一个国家和一个民族发展的不竭动力。“苟日新、日日新、又日新”。没有创新，社会无法进步；没有创新，民族无法发展，人类文明难以推进。

消费品牌打造也是对文化的传承和延伸。品牌是文化价值的体现。一个好的品牌可以把一群价值观相同或相近的人聚合在一起。品牌的成熟和发展又可以把文化传播出去。文化在品牌中得以体现，品牌通过蕴含更多文化而提升价值，二者相生相长。区域品牌体现和传播的是区域文化，国家品牌代表和弘扬的是国家文化，国际品牌能更好地在国际市场中传播。

消费品牌打造还是一种无形资本的聚合。消费者对消费品牌的选择是一种信任、一种托付、一种追随和引领。品牌之所以成为品牌甚至名牌，是建立在它受消费者尊重、信任、依赖甚至托付的基础之上。就像一些女士愿意花重金购买名牌包一样，这个包提供的绝不仅仅是其使用功能。有时候忠诚度很高的消费者对这个品牌甩也甩不掉、抛也抛不开，可谓形影相随、不离不弃、终生相依。这就是一种巨大的无形资本。

消费升级是大势所趋，建立和打造更多享誉全球的中国品牌甚至中国名牌，对于推动供给侧结构性改革、推动消费结构转型升级、拉动内需、解决就业、推动经济高质量发展将大有裨益。因此，消费品牌打造没有最好、只有更好，消费品牌打造永远在路上。

（本文刊发在《消费日报》2019年4月15日第一版）

04 消费者维权何其难

——对奔驰维权事件的思考

有名（国际名牌奔驰）、有钱（66万元买车）、有才（研究生学历）、有颜值（年轻美女）、有故事（坐引擎盖哭诉）……陕西奔驰女车主维权事件一经网络曝光，立即引起轰动，在融媒体时代，迅速抓住了大家眼球，成为全民关注的焦点和热点。

2019年4月16日晚，在媒体见证下，奔驰公司、西安利之星汽车有限公司相关负责人与“奔驰车主维权事件”当事人再次进行沟通，双方就换车、补偿等达成和解协议，霸屏多日的奔驰女车主维权新闻终于告一段落。虽然个体事件可以结束，但对此事背后的根源挖掘不能结束。

奔驰消费者维权究竟有多难?

买卖双方力量悬殊是第一难：维权一方是车辆购买方个体，另一方卖家是国际知名品牌奔驰4S店。很显然消费者是弱势的一方，而卖车方是很强势的一方。在冲突双方的沟通对话中，是个体与团队的对话，是业余与专业的较量，无论从哪个角度看，消费者，也就是采购方都是处于弱势的一方，买卖双方力量悬殊，对话很难平等。

政策了解掌握不全面是第二难：记者搜索了众多豪华品牌车主奇葩维权事件发现，导致这些事件发生的一个重要共性原因就是，销售方不按照《家用汽车产品修理、更换、退货责任规定》的条文来执行售后服务，基本采取“拖、推、赖”三字诀。而按照这个规定，销售方受到的行政处罚最高也就是3万元，比起换一台整车，这点钱对于经销商来说简直可以忽略不计。

由于对政策的了解和掌握不全面，想要通过正常的司法途径来解决，对于消费者来说，因为专业知识和专业律师团队等的欠缺，往往胜算渺茫，或者成本巨大，普通消费者承担不起。因此，部分消费者会选择沉默接受或用奇葩的方式维权，发泄愤怒。

专业知识不对称是第三难：一辆汽车是由成千上万个零部件组成的，有时存在一定小问题也属正常，但在核心部位和关键零部件是不能出问题的，否则可能引发重大事故。当然每个零部件也都有有效期，非汽车领域专业人员很难全部准确掌握这些专业知识，因此一旦出现问题，在维权时就会阻力重重、困难巨大。

行业主管部门监管缺位是第四难：在这次事件发布的视频中，奔驰女车主说打了投诉电话，没有人理会她。反而是最后这件事情被媒体在网络曝光后，迅速成为舆论关注热点，越来越多的人开始关注和声援，甚至相关政府部门也开始出现。试想一下，为什么当初矛盾没有激化时，奔驰中国总部没有出面，政府监管部门也没有介入呢？很显然政府部门的监督是严重缺位的。所以从这件事情当中我们也不难看出，消费者维权有时候是一件欺软怕硬的事情。想要维权成功，有时候不得不拿出一些非常手段。但有一点必须明确，保障合法权益不受侵犯，需要消费者不断增强维权意识，同时更离不开行业主管部门的有效监管。

国外诉讼举证有何良方？

关于车主选择更换或退货的条件，中国《家用汽车产品修理、更换、退货责任规定》规定如下。

（1）因严重安全性能故障累计进行了2次修理，严重安全性能故障仍未排除或者又出现新的严重安全性能故障的。

（2）发动机、变速器累计更换2次后，或者发动机、变速器的同一主要零件因其质量问题，累计更换2次后，仍不能正常使用的，发动机、变速器与其主要零件更换次数不重复计算。

（3）转向系统、制动系统、悬架系统、前/后桥、车身的同一主要零件因其质量问题，累计更换2次后，仍不能正常使用的。

（4）家用汽车产品自销售者开具购车发票之日起60日内或者行驶里程3000公里之内（以先到者为准），家用汽车产品出现转向系统失效、制动系统失效、车身开裂或燃油泄漏，消费者选择更换家用汽车产品或退货的，销售者应当负责免费更换或退货。

记者通过查阅材料对国外几个国家汽车质量问题法律实用的便捷性做了对比，美国、英国、日本和欧洲基本上实行的是诉讼举证责任倒置的方式，也就是车主只须证明汽车存在质量问题，无须举证质量问题的原因，而汽车厂家要举证质量问题和自己无关，才能免除赔偿责任。

将国外几家公司退换货制度整理如下。

美国：1970年，美国加州大学伯克利分校的经济学家乔治·阿克洛夫教授发表了题为《柠檬市场：质量的不确定性和市场机制》的文章，在该文中，乔治·阿克洛夫以香甜的樱桃与水蜜桃来比喻车况优良的二手车，而把质量糟糕的二手车比喻为“柠檬车”（Lemon Car）（在美国的俚语中，柠檬意为“次品”或者“不中用的东西”）。买到此类车的消费者心情难免会很酸涩。

他在研究中发现，在市场上，如果卖方掌握了比买方更有利的信息，就可能掩盖产品的真相，接着提供不真实的资讯增加自身的福利，以次充好损害买方的利益。在二手车市场，卖方对车况比买方清楚得多，买方只能从表面情况来判断车况。这样卖方与买方处于信息非对称状况，卖方更具有信息优势，而买方处于劣势地位。

乔治·阿克洛夫称，卖车以次充好，买方尽管不了解旧车的真实质量，但愿意以平均质量给出中等价格，这样，高于中等价格的上等旧车就会退出市场，接着是中上等旧车，最后结果是市场到处充斥“柠檬车”，极端情况下一辆车都不能成交，最终成为破烂车的展览馆，市场瘫痪。后来“柠檬车”的定义范围变大，用来指出厂后问题百出的瑕疵车。

“柠檬法”的核心就是结束汽车厂商的强势地位，将汽车质量的否决权交给车主。“柠檬法”赋予消费者的权利，可能会超过在购买合同中所表达的承诺。

美国“柠檬法”授权消费者退货或更换的条件有以下几条。

（1）如果缺陷涉及制动、转向灯方面的严重安全缺陷，制造商只有1次维修机会。

（2）如果涉及安全方面的缺陷不被认为是严重缺陷，制造商有2次维修机会。

（3）对于其他没有涉及安全方面的缺陷，制造商通常有3～4次维修机会。

（4）汽车在维修厂的维修时间在一年内总共加起来达到30天。

笔者对比了中、美两国对上述汽车退换货的条件来看我国的退换货条件对车主的有利性，更甚于美国的“柠檬法案”。

英国：产品质量问题举证实行责任倒置

英国1979年颁布的《商品销售法》。这部法律涵盖了英国绝大部分消费品，汽车也包含在内。

根据该法规定，产品销售者必须向消费者提供符合销售合同的商品，若产品与销售商的承诺不相符，消费者有权要求退款，厂商如有疑问必须举证产品达标。

英国并没有把汽车看成是多么特殊的消费品，也没有类似美国的针对汽车产品退换的法案。不过，这并没有影响英国消费者维护自己购车时的权益。

2007年，一位消费者在购买了一辆菲亚特汽车之后发现新车问题不少，而且越修越多。这位消费者决定退款，尽管经销商百般不情愿，但在“贸易标准局”（英国的消费者保护机构）的“威胁”下，还是乖乖地为该消费者退了全款。

日本：不靠“三包”，靠自律社团组织

在日本，没有类似汽车“三包”的政策，针对汽车销售之后的维修和更换，企业根据市场竞争来决定。

为解决汽车投诉问题，由日本各大汽车生产商组成的日本汽车工业协会（JAMA）设立了纠纷处理机构——汽车产品责任咨询中心，其主要作用就是：保持中立，公正、快捷、简单地解决汽车买卖纠纷，保护消费者的合法权益。

日本颁布的《产品责任法》也规定了由于产品缺陷而引起的人身安全损失要追究责任，并明确规定用户无须举证缺陷的原因。

欧洲：通行“两年保”

欧盟国家并不实行汽车“三包”服务，但根据欧盟的相关规定，汽车和电子产品等都有两年保修期，保修期从产品交付之日起计算。

在此期间如果产品出现重大问题，或者与广告宣传不符，消费者可以要求维修或退货。如果产品在合理期限内无法修复或更换，消费者也可以要求退货或部分退款。在某些欧盟国家，消费者还可以提出补偿要求。当遇到难以调解的问题，如汽车故障无法认定哪一方负主要责任，就可以直接寻求司法介入。通过法院指定的专家进行技术诊断，出具具有权威性的报告，从而判定责任方。

然而，这些国家很少发生车主维权事件，但是，服务质量一流的大牌车企，为什么到了中国就变得如此“飞扬跋扈”呢？令人难以理解。

法律人士就案说法

河南蓝剑律师事务所律师苏卫东告诉笔者，在我国，产品质量问题的诉讼可分为产品缺陷和产品瑕疵两类。分类的标准是，产品缺陷会危及人身安全，如不危及则为产品瑕疵。

在诉讼举证责任方面，根据《中华人民共和国民法通则》《中华人民共和国产品质量法》《中华人民共和国侵权责任法》等法律的规定，产品缺陷责任适用无过错责任，采用“举证责任倒置”的举证原则。受害人仅证明其受到的损害事实，而无须证明责任义务主体对产品造成的损害存在过错，由生产者对其免责事由进行举证。

产品瑕疵责任则采取过错责任的归责原则，其适用的是民事诉讼一般的举证原则——谁主张，谁举证。受害人必须提供充分的证据证明合同相对方存在过错，提供的产品存在瑕疵，不符合双方对产品质量明示或暗示的约定，否则承担举证不利后果的将是受害人。

在司法诉讼中，大多数汽车使用问题都会归为产品瑕疵，需要由车主来举证是厂家的质量问题，可以想象，一个消费者，即便是加上专业律师，去和一个专门做汽车、卖汽车的专业商家打这种官司，往往胜算渺茫，或者成本巨大。

那些做出牛拉奔驰、宝马的非常规维权行为的车主，大都是因为没有能力去举证这些售价昂贵却毛病不断、问题频发的车是厂家的质量问题，厂家只会高傲地告诉他们，这些都是消费者使用不当所致。

所以，大部分车主被逼无奈，就只能用奇葩的方式维权了。苏律师说，这是他从法律的适用性和他的实践角度来分析的，不一定全面，但肯定是一个重要原因。

另外，整个社会的商业诚信环境也需要改善。如果我们对汽车产品质量问题的诉讼一律实行举证责任倒置，减小车主的法律维权难度和成本，加大汽车厂商的违约成本以及商业诚信环境的整治力度，让违法违规者付出沉重的代价。那么，在西方服务质量一流的国外品牌车企，到了中国还敢“飞扬跋扈”吗？

让消费者有尊严地消费和维权

本次事件中商家态度傲慢，是否有店大欺客之嫌？作为国际知名品牌，树立品牌要花费千日功，而自损形象却只需旦夕间。奉劝商家，漠视消费者，最终伤的是自己。

我国正在稳步迈向消费升级的新时代，但“奔驰维权事件”反映了类似事件中消费者维权存在的三大问题：一是主观上过分忽视消费权益保护；二是对消费者权利保护的具体举措不足；三是消费者缺乏集体诉讼机制，维权成本太高。

虽然此次奔驰维权以双方和解结束，但如果按照相关法律法规来执行的话，消费者是可以要求退车或者换车的。但本次维权结果的出现显然迫于舆论的高度关注，如果有一天处于强势地位的4S店出于对法律的敬畏和消费者的尊重，从而积极为消费者解决问题，不仅仅是畏惧于舆论的监督、公民的愤怒、政府的监管，社会才算更进一步。

随着全球经济一体化进程的加快，如何让国内消费者体面地消费，出现问题时有尊严地维权，是建设质量强国、推动中国消费经济高质量发展的重要一环。

（本文刊发在《消费日报》2019年4月23日第一版）

05 推动消费与文化融合发展

随着消费升级时代的到来，越来越多的消费者已经不满足于传统的物质消费、实体消费，更多地开始追求精神层面的体验和感受，追求个性化、有特色、有品位的消费。面对这种形势，推动消费与文化的有机融合，可以更好地满足人们对美好生活的追求。

以特色文化餐厅为例，当下许多餐厅将餐饮与文化进行有机结合。比如人民公社怀旧主题餐厅，主打怀旧牌。当客人走进餐厅，看到其内部装饰和布置，就仿佛走进了历史深处，客人的思绪不禁被带到那个特殊时代，很多习惯了在富丽堂皇的就餐环境下消费的客人来到这家餐厅，可以体验全新风格、感受别种风情，餐厅生意也红火兴隆。再比如那些融入了很多文化元素的街边烧烤店，店面虽不大，但因为有了文化的点缀而熠熠生辉。在那些平平淡淡的日子里，我们扫一眼历史的背影，抑或翻翻旧书、浏览下老照片，看看那个时代的印记，也是一种全新的消费体验。这种新体验，也是消费升级核心内容之一。商业在文化中升值，文化在商业里延续。

此外，现在非常热门的文化旅游融合发展建设，就是将物质消费与精神享受融为一体，旅游与文化原本就密不可分。在进行文化旅游开发时，要注意把民俗、民风与景区建设有机融合，把历史文化与现代文明融入旅游经济中，精心打造出更多体现文化内涵、人文精神的特色旅游精品，满足新时代人们对美好生活的追求。用文化提升旅游品位，在旅游中感受文化内涵，让二者共荣共生。

在当前经济情况下，无论是实体经济还是互联网经济，都在发生着翻天覆地的变化。产品可以被模仿，品牌不能被复制。一个品牌能不能走得更远，做得更优秀，就看品牌之中文化内涵的价值含量。把更多文化价值融入消费产品或者消费服务中，是非常有创意的做法。

为消费注入文化，让文化融于消费，可以大大提升消费的价值。人们在享受消费升级新体验的同时，看到了文化的价值，懂得了文化的内涵。将消费与文化有机融合，有助于两者相互促进，共同提升。

在消费与文化融合发展上，我们可以从以下五个方面入手，进行探索与尝试。

第一，推动消费与文化融合发展，在产品设计理念上，要融入更多文化元素。在产品设计之初就要考虑产品的定位，要想一想产品的文化内涵是什么，代表什么样的价值观，体现了怎样的文化创意，蕴含哪些文化元素，等等。

第二，推动消费与文化融合发展，在产品加工过程中，要把更多文化元素通过物质的方式体现在产品或服务中，让二者充分融合，使特定文化在产品或服务中得到充分展示，用文化提升产品价值。

第三，推动消费与文化融合发展，在品牌市场推介中，要让消费者清晰地知道产品或服务的文化内涵及其价值。让消费因为有了文化而增值，让文化在消费中得以传承和发展。推介产品的过程，也是弘扬文化的过程。同样，宣传文化的同时，也进一步推介了产品。二者互生互长，互相促进。

第四，推动消费与文化融合发展，要做好消费与文化的产业融合。消费是主观的，文化是客观的。消费业态的发展进步，势必伴随着文化宣传力度的加大而进行。没有文化的消费是初级消费、基础消费，文化的弘扬与传播如果没有消费作为支撑，也是空中楼阁，难以落地。

第五，推动消费与文化融合发展，还要重视国际间的交流。要着力把本国文化融于国际消费市场中，让消费与文化在国际交流与合作中相得益彰，让世界上更多国家和人民知道并熟悉中国的文化旅游市场，从而寻找更多的交流点和合作的可能性，互相加强了解，增加共识，增进友谊。

出主意、想办法，用高招，在推动消费和文化融合发展上，我们大有可为。努力推动消费理念与文化融合、消费产品与文化融合、消费产业与文化融合、消费市场与文化融合以及消费国际交流与文化融合，协同并进，融合共生，带动消费升级向更高层面发展。

（本文刊发在《消费日报》2019年5月6日第一版）

06 迷失的白酒品牌

——由山西杏花村汾酒集团的“开发酒”想到的

“借问酒家何处有，牧童遥指杏花村。”又是一个细雨霏霏的季节，正在忙于上市、驰名中外的汾酒集团因“开发酒”事件再次站在了舆论漩涡的中心。有媒体报道，市场上有很多不同品名的“开发酒”，外包装上都印有“山西杏花村汾酒集团有限责任公司”“杏花村”等字样，而这些酒无法查询到具体开发商和酒水生产地等信息，更有一些开发商和经销商竟然用“三无”散装酒罐装冒充汾酒流入市场。这次爆出的山西杏花村汾酒集团出品的批发价30元一瓶的“开发酒”，对外零售价能达到600元左右。有专家表示，汾酒集团的开发模式已成为白酒行业内的普遍现状。

世界白酒看中国，中国白酒重品牌，品牌白酒讲名牌，然而，白酒市场乱象多。说到白酒品牌之乱象，不由得想起20多年前山西朔州假酒案。1998年春节期间，山西省文水县农民王青华用34吨甲醇加水后勾兑成散装白酒57.5吨，出售给个体户批发商王晓东等人。这些人明知这些散装白酒甲醇含量严重超标（后来经测定超出国家标准902倍），但为了牟取暴利，铤而走险，置广大消费者生命于不顾，最终造成27人丧生，222人中毒入院治疗，其中多人失明的恶性事件。

20多年过去了，白酒市场有了新的花样：年份陈酿酒、生态原浆酒、定制酒、特供酒、窖藏酒、合作酒、董事长亲手酿造酒……五花八门、名目繁多，消费者真的是越来越搞不懂真假了。有的说其产品是绝对正宗酒厂生产的，有的说是高级特供某个市场的，有的说这是酒厂通过特殊渠道拿到的，有的说这是厂家授权使用的，等等。到底哪种是真酒，哪种是冒牌？可谓雾里看花，让人有时清醒有时醉。

不可否认，现在白酒市场上确实有些商家变着花样以次充好，想方设法倾销低质酒、劣质酒、侵权酒，可谓乱象频出，严重损害了中国白酒的美誉度，也为白酒质量带来巨大的隐患。广大消费者面对越来越迷失方向的白酒品牌，也是质疑不断：公众的健康、企业的信誉、品牌的生命、政府的监管、媒体的责任还要不要，这些都去哪了？

行业标准去哪了？白酒品牌乱象太多，在利益的驱使下，白酒企业肆意大规模发展。看到白酒在中国的巨大市场，完全不顾白酒企业数量已经过多的现实，一些地方还在毫无节制地开办白酒企业，或自创品牌进行单独生产，或与大品牌合作共同生产，抑或直接贴牌出品，部分企业甚至还在假冒品牌。各式各样的营销噱头也是足够迷惑消费者。以年份酒为例，有些酒厂建厂还没几年，却已经推出百年陈酿的年份酒了。年份酒只是在该酒内添加老酒，其实现在所谓的多少年的年份酒，大部分只是在该产品里加入了有10年、20年历史的基酒，而并非这瓶酒是经过了几十年的储存陈放后才灌装的。营销者不但没有把这些知识告诉消费者，而且还以年份酒讲故事，成为大幅度提高白酒市场价格的重要元素。

品牌坚守去哪了？在目前白酒市场中，存在着一些知名品牌企业为了增加产能、扩大销售、提高产品市场占有率，轻易与某些生产厂商默认贴牌合作，收取贴牌费。致使市场上出现了一大批名不副实、一本万利的“开发酒”、年份陈酿酒、生态原浆酒、定制酒、特供酒等，把消费者搞得晕头转向。部分知名品牌企业肆意授权、过度开发品牌、无序使用品牌，在误导消费者的同时更是毁坏了自身品牌的形象，影响了品牌的公信力，透支了品牌的价值。

据知情人士介绍，目前国内白酒行业贴牌生产模式的门槛并不高，每个酒厂收取的费用也不同。据说只要有关系，某一线酒企一个贴牌商提供一千万元以上资金就可以拿到一个酒标中的一个码，有特殊关系的可能几百万元甚至几十万元即可以贴牌。个别企业为了短期的经济利益，不惜为一些无经营资质或是利欲熏心的厂家授权生产，把消费者权益甚至生命安全抛之脑后，这无异于竭泽而渔，严重破坏了知名品牌的声誉，降低了名牌的价值。

政府监管去哪了？标准滞后、行业监管严重缺位。随着市场经济的推进，很多行业标准、行业法规制度也都建立了，但是行业主管部门因为各种各样的因素导致监管严重缺位。与白酒行业相关的法律法规和标准虽然比较多，但有些指标过于宽松，很多还都是推荐性指标，不利于中国白酒行业的发展，有些在严格性和科学性上还需要进一步探讨。以生产许可证为例，这是企业生产的必备条件，但竟然有一些白酒生产企业并未拿到此证也照样开工。个别行业主管人员监管缺失，这样生产出来的产品质量可想而知。

为什么会有这样的年份酒造假的乱象出现呢？因为到现在为止还没有一套确切的检测标准来约束，也没有专门的机构来检查年份酒的年份以及添加比例，这就让众多生产年份酒的厂家有了可乘之机。所以缺少年份酒的标准制定与执行，也是目前中国白酒的一大硬伤！

企业诚信去哪了？很多不是原厂生产的产品，却在广告营销中玩文字游戏忽悠消费者，让消费者误以为是原厂生产。比如像茅台镇小厂生产的白酒也要贴上茅台标签误导消费者，于是市场出现很多茅台特供酒、茅台定制酒等，其实跟正宗的茅台酒一点关系也没有。比如很多企业有异地生产点，但大部分未按规定注明产地，在包装上留下的一律是原产地。异地生产的白酒在包装上不做任何标识，客观上也迷惑了消费者。对于有知情权的消费者来说也缺失了企业的诚信。

营销人员为了销售产品，刻意欺骗消费者。白酒工艺复杂、产品成分复杂，白酒的味道更是复杂，香气十分丰富，很多说不清、道不明，对经验的依赖程度较高。于是行业中难免多了一些“江湖郎中”和某些专业营销人员，个别销售人员曾经在某些知名品牌厂家工作过或者跟某些项目合作过，就以知名品牌企业专家顾问身份随意编故事推销产品，忽悠消费者。普通消费者很多时候分不清“李逵”和“李鬼”，以为自己以较低的价格买到了心目中的好酒和名酒，哪里知道很多都是冒牌酒。这些企业面对消费者无任何诚信可言。

媒体责任去哪了？为了媒体的广告经营收入，个别媒体尤其是广播媒体的节目内容，存在有意或无意助推贴牌酒销售的违规乱象。很多开车族都有感受，经常能从广播中听到主持人和所谓知名专家，联合推介各种年份酒、特价酒、活动酒、酬宾酒，等等。在他们的口中，这些酒都有名家的身世（跟知名品牌类似）、低廉的价格（一箱酒比知名品牌的一瓶酒都便宜）、贴心的服务（货到付款，在节目中临时增加福利），再加上他们营销人员的“亲民政策”“吐血大让利”等手段，这些“便宜”酒在媒体的帮助下就大量推向了市场。这些个别媒体应承担的社会责任此刻也荡然无存了。

仔细思量，这些白酒品牌迷失方向的种种乱象，与品牌所有者、赝品生产者、市场营销者、行业监管者、媒体推介者都有千丝万缕的联系。这些乱象的出现，究其原因是打“擦边球”“傍名牌”能带来大量利润。

在人民对美好生活越来越向往的今天，在法制越来越健全的现在，我们的确需要有以下几种思维。

食品安全底线思维。没有食品安全底线思维的企业是不合格的企业。民以食为天，食以安为先。食品安全无小事，实现食品从农田到餐桌的全流程安全，必须贯穿食品生产、加工、流通、销售、食用等全产业链。食品安全是底线，任何行为不能超越这个底线。

企业信誉维护思维。不讲信誉的企业不值得信任。在这个创新的年代，国家需要创新，企业也需要创新，但创新不等于损失企业的信誉。任何时候企业都应该把维护企业信誉放在很重要的位置，怀揣良心对待公众，回报社会。企业失去了信誉，必然失去客户的信任，进而失去市场。企业的信誉是企业最重要的资产，需要保护和维护。

品牌忠诚提升思维。没有品牌的企业和产品不会长久。品牌是企业生产者和消费者共同的追求，也是体现企业文化和员工精神的重要标识，更是消费升级新趋势中供给侧和需求侧改革的共同目标。必须从影响品牌铸造和提升的环境、质量、诚信、人才、文化等多角度、全方位去改善，提升品牌的生产力价值。品牌是一种长时间的积淀，从品牌身上可以看出企业或产品的文化、传统、氛围、精神和理念。任何一个行业，任何一种产品和服务都应该忠诚品牌的文化内涵，维护品牌，提升品牌价值。

媒体责任履行思维。没有责任的媒体不是良性媒体。媒体是促进社会发展、民族进步和国家富强的强大推动力，媒体必须履行承担的社会责任，在物欲横流的社会环境中，绝对不能人云亦云，见钱眼开，为了经济利益放弃社会责任，变成社会不良风气的助推器。如果连新闻媒体都失去了基本的职业操守和价值底线，社会将是怎样的一幅图像呢？媒体就应该履行媒体的社会责任，发挥媒体的力量，助推社会良性进步。

政府有效监管思维。不能有效监管的政府不是为民政府。社会的进步和发展不是一蹴而就的，是一个逐步进行、慢慢调整的过程，是需要全行业共同努力的过程。这个过程中行业主管部门的有效监管不能缺失。行业主管部门应该行使必要的权力，承担有效监管的社会责任，纠正社会发展中不和谐、不稳定因素，保障和推动社会规范发展。

我们坚信，白酒品牌这只迷失方向的羔羊终会回家，但回家的路上需要你、需要我、需要大家。

（本文刊发在《消费日报》2019年5月17日第一版）

07 推行“一品一码” 助推食品安全

随着人们生活水平的提高，人们追求美好生活的愿望越来越强烈，对生活品质的要求也越来越高，基本诉求就是食品安全。“一品一码”从技术层面保障食品安全。“一品一码”又称“一物一码”，即为每一件物品配备唯一的二维码，相当于让每件产品都拥有自己的“身份证”。消费者通过扫描二维码可快速识别商品的真伪，了解商品的相关信息，简单、直观、可信赖。

“一品一码”的推广和使用，无论对于知名品牌的防伪保护，还是对假冒产品的查处打击，或者对产品从生产到使用的全流程监控，以及对保障百姓的食品安全、消费安全都至关重要。

主体责任是基础。落实主体备案制度，对所有农产品生产企业、农民合作社、家庭农场等生产主体进行登记备案，并分类造册，实行分级分类管理，提高农产品质量安全监管效能。开展农产品质量安全诚信体系建设，健全生产主体信用档案制度，推动生产主体开展农产品质量公开承诺，完善农产品监督检查档案，全面充实完善“一户一档”电子化档案，确保主体责任落实到位。

按标生产是关键。根据农业生产要求和食品安全标准，把农业产前、产中、产后各个环节纳入标准生产和标准管理的轨道，提高农产品产量，确保农产品质量和安全。按照“标准上墙，技术落地，记录入档，质量追溯”的标准化建设要求，全面建设一批优质农产品标准化基地。制定农产品流通运输标准，实行从农田到餐桌的全流程标准化生产、加工、运输和销售，确保一切工作按照标准化推进。

“一品一码”是抓手。构建从田间到餐桌的全程可追溯体系，按照“源头可溯、去向可追、风险可控、公众参与”的基本要求，完善主体信息、农事操作、农资采购及使用、产品认证、质量检测等追溯信息，实现所生产的食用农产品赋码准出、“一品一码”、贴码销售。建立二维码防伪追溯体系，做到一切可查可溯源。一旦出现问题，利用二维码可以直接追溯到源头，追溯到整个生产、加工、流通、销售、使用等全流程，实现实名责任制追查问责体系，有效准确地记录整体流通链条，从技术角度杜绝造假，可以杜绝假农药、假种子、假化肥等坑农、害农现象的发生，从根本上解决防伪追溯问题，让假冒伪劣生产者无处可逃。

多级监测是保障。每年定期开展监督检测工作。对于生产基地和加工生产车间，应安排人员定期进行抽检监督，对于进入农贸市场的农产品每天都要抽测，发现问题立即处理。定期配合省市县多级监察检测，开展不同批次、不同范围、不同内容的监督抽检，例行检查和不定期抽检相结合，监测要全面覆盖所有食用农产品生产主体，全力保障农产品质量安全。

（本文刊发在《消费日报》2019年5月13日第一版）

08 中美经贸摩擦之际 以消费升级挺起民族脊梁

民族脊梁，是一个国家的精神，一个民族的支柱，是国之根本，民之依托，家之支撑。中华民族上下五千年的悠久历史，是由无数英雄书写的壮丽诗篇，也是普通劳动大众绘制的美丽画卷，更是先烈们用汗水和鲜血浇筑的不朽丰碑。屹立世界几千年不倒的中华民族，靠的是炎黄子孙永不言败的傲气和风骨，靠的是华夏儿女百折不挠的坚强和毅力。在中美经贸摩擦之际，中国人民有信心、有勇气做好本国的事情，踏踏实实发展经济，以惠及百姓的消费升级，以中国经济的高质量发展，实现人民对美好生活的向往，支撑起中华民族的铮铮铁骨和不屈脊梁！

2019年5月9日，美国政府宣布，自2019年5月10日起，对从中国进口的2000亿美元清单商品加征的关税税率由10%提高到25%。为捍卫多边贸易体制，捍卫自身合法权益，中方不得不对原产于美国的部分进口商品调整加征关税措施。5月13日晚间，中国政府宣布反制措施：自2019年6月1日0时起，对已实施加征关税的600亿美元清单中美国商品的部分，提高加征关税税率，分别实施25%、20%或10%的加征关税。对之前加征5%关税的税目商品，仍继续加征5%关税。

自此，中美两大国博弈进入新阶段。虽然我们并不愿意看到这场冲突，但是美国遏制中国发展之心已经跃然纸上，非常显而易见。如果我们单纯期望靠一纸协议换来中美经贸的长久和平与对等，单纯期望靠美国的“善意”和“宽容”来达成最终的经贸协议，是一种奢望，也是不现实的。事情发展到现在，更多中国人应该清醒地认识到，与其把希望寄托在他人身上，不如踏踏实实静下心来发展本国经济，尤其是全力提升与百姓生活息息相关的消费经济的增长，调整消费结构，加快消费升级步伐，提升消费水平，推动中国经济高质量发展。

民族脊梁的支柱在哪里？在中国消费经济增长超预期的数字中！

在以习近平同志为核心的党中央坚强领导下，在全国各族人民的共同努力奋斗下，中国特色社会主义进入了新时代，中国经济发展已经进入一个新周期，表现出一系列新特点。消费已连续多年成为拉动经济增长的最强劲马车，对经济发展的基础性作用不言而喻。消费升级也成为未来经济发展的新动力。

自1978年改革开放之始，国民生活水平也是先后从贫困、饥饿、温饱、小康乃至全面小康一路升级而来。这几年，我国消费市场保持平稳运行、稳中有进态势，消费内容升级、消费地域延伸、消费代际更迭的新特点逐渐显现，已进入需求多元发展、结构不断升级的消费新时代。2019年第一季度，消费一如既往地扮演了经济发展第一驱动力的角色。各项经济指标显示，一季度经济实现了开门红，多项宏观数据远远超过预期水平，经济回暖信号比较明显。产业结构不断调整和优化、部分产业逐渐下沉，为下线城市提供了更多发展机遇，创造了更多就业机会，带动了下线城市的消费水平提升和居民消费潜力激发。国家统计局发布的数据显示，一季度，我国消费者信心指数为124.6，比2018年第四季度提高了3.2个百分点，市场预期和信心增强，处于历史高位水平；我国社会消费品零售总额达97790亿元，同比增长8.3%，达到近半年新高；最终消费支出对经济增长的贡献率达65.1%，国内消费继续发挥对经济增长的主引擎作用。

因此，中国经济持续稳定向好，增长超预期，彰显中国经济持续健康成长，这就是支撑中华民族不屈脊梁的支柱。

支撑民族脊梁的支柱在哪里？在中国消费结构不断优化中！

消费是我国经济稳定运行的“压舱石”，也是持续推动中国经济增长的“主引擎”。人们对美好生活的向往，既要把消费这个“蛋糕”做大，同时还要做优。众多企业家也认识到新时代有了新需求，从这个角度出发，发展中的企业需要重新思考、重新定义、重新设计、重新规划，保持创业的心态，根据经济发展态势，适时进行结构性调整。中国经济挤压式发展模式已经到了结束阶段，即将进入中速发展阶段。我国将从高速发展阶段的速度型、规模型、粗放型发展向中速发展阶段的质量型、效率型、集约型发展转变。中国经济增长速度也从原来的10%以上降落到6%~7%。虽然这个速度在全世界范围来讲还是高速，但从我国的纵向发展来看，已经到了中速发展阶段。

新常态下，消费结构发生了变化，我国很多商品在供给侧出现过剩，但与此同时很多高端产品和服务供给又严重不足，必须进行供给侧改革。如服务消费的迅速增长正在冲抵商品消费下行的压力，消费结构发生了较大变化，从而保障消费总体上保持平稳增长态势。

如何认识消费结构升级和转变呢？总的趋势是从传统消费到新兴消费，从物质消费到精神消费，从线下消费到线上消费，从非信用消费到信用消费，从大众消费到小众消费的转变。也就是说，消费升级的大趋势包含了互联网概念、数字概念、绿色概念、智能概念、个性化定制概念，等等。

这一个又一个的消费观念的转变，一个又一个新的消费概念的出现，体现的就是中国经济高质量发展阶段对经济结构的调整和改变，体现的是人民对美好生活方式的选择。

消费结构继续优化，消费对经济发展的基础性作用将更加凸显。这体现了我国经济潜力大、韧性强、活力足的现状，与此同时也进一步提升了我国经济抗风险能力，为高质量发展增添了更多后劲和保障。

因此，中国消费经济结构调整和优化，带动中国经济持续健康成长，这就是支撑中华民族不屈脊梁的支柱。

支撑民族脊梁的支柱在哪里？在中国消费理念不断更新中！

随着消费升级步伐的加快，我国经济进入消费占主导作用的新时代。处在一二线城市的居民消费理念发生很大变化，过去很多消费者的观念当中，充满了许多非理性、物质主义，消费者信任缺失一直存在。低收入群体在追求廉价，而非性价比。很多高收入人群，追求的是一种炫耀，而不是商品的真正价值。

现在这一切都在悄然发生变化，很多消费者由过去一味追求国际国内名牌开始转向质量有保证的品牌产品，开始追求更符合自己审美感和消费习惯的定制化产品，再逐步到更加趋于理性的平价消费。这些消费者更加注重自我价值，注重悦己主义，关心品质、品位、品种，注重自我体验式消费。消费观念正在从一种落后状态，逐渐向更加理性、更加成熟的方向转变，而且呈现出更加多元化、智能化的健康发展态势，前沿信息技术、智慧物流、智能供应链以及移动互联网等共同推动新消费发展。健康智能时尚化的生活方式正在逐渐成为消费的主流模式。

因此，消费理念的不断更新，带动中国经济持续健康成长，这就是中华民族不屈脊梁的支柱。

支撑民族脊梁的支柱在哪里？在中国消费政策的不断调整中！

近些年，党中央、国务院在促进汽车消费、家电消费、绿色消费、信息消费、养老服务、体育赛事等方面出台了一系列政策措施，从提升城市消费、促进农村消费、扩大服务消费、创新流通方式、优化消费环境等多角度发力。促进消费转型升级，促进消费经济增长，这些举措对于我国消费经济保持稳定发展势头，确保经济持续良性发展非常重要。

我国政府持续不断深化企业税费改革，减税降费、增强了企业活力，拓展了企业发展空间；不断实施扶持就业政策，鼓励创新创业，为稳定就业创造了良好环境；个人税费改革不断深化、保障体系日渐完善，消费者的个人经济情况和消费意愿持续提升；提高最低工资标准、有效增加居民可支配收入；特别是年初开始实施的个人所得税改革以及专项附加扣除方案，进一步激发了市场活力；推动实施技能人才、新型职业农民、科研人员等重点群体征收激励计划；深化收入分配制度改革，促进了居民增收等。一系列消费政策的调整极大促进了经济的增长。

因此，中国消费政策不断调整，带动中国经济持续健康成长，这就是支撑中华民族不屈脊梁的支柱。

支撑民族脊梁的支柱在哪里？在中国消费方式不断创新中！

随着科技水平的提高，尤其是互联网、大数据、云计算等技术的普及，消费方式出现了变化，最突出的特点就是数字化和移动化。这些变化对经济增长的助推作用十分明显。

几乎人手一部的智能手机，足不出户就可以完成绝大部分的交易，这是消费方式的一个重要变化。无论是日常生活的衣食住行，还是知识学习、商业销售抑或信息发布，消费者几乎都可以在智能手机上完成。一部智能手机改变了人们的生活习惯、改变了人们的生活方式、改变了人们之间的距离、改变了人们的观念，更改变了商业形态和经济发展模式，深刻影响了消费方式的变化，也极大促进了线上经济的发展。现在无论哪个行业，没有谁不跟互联网结合，没有谁能离开数字化。

消费场景、支付方式、物流方式等都打破了传统模式。有关数据显示，线上消费对整体消费的带动作用非常明显，快递众包、人脸扫描、语音识别、移动支付、拼团等技术和商业模式的不断革新，不仅提高了电商服务品质，也创新了消费体验，成为拉动中国消费经济增长的重要力量。

因此，中国消费方式的不断数字化、移动化，带动中国经济持续健康成长，这就是支撑中华民族不屈脊梁的支柱。

穿越风雨，方见彩虹。只要我们有信心有底气，有经济发展做保障，就能渡过一切难关。中美经贸摩擦不是一朝一夕就能彻底解决的。我们只有做好充分心理准备，采取积极应对措施，无惧风雨、不忘初心、砥砺前行。就像中国轻工业联合会会长张崇和所讲，轻工行业的每位领导，要围绕行业经济运行，积极应对中美贸易摩擦，抓住主要矛盾，以科技引领，推动轻工业创新发展；注重环境保护，推动轻工业绿色发展；推进智能制造，推动轻工业智慧发展；加强标准化建设，推动轻工“三品”发展；优化集群建设，推动轻工业集聚发展。努力解决轻工行业发展不平衡不充分的问题，推动轻工行业高质量发展。

今天，只要我们中华儿女众志成城、万众一心，踏踏实实化解难题，快速发展经济，让老百姓吃得放心、穿得称心、用得舒心，使亿万名中国消费者的消费潜力成为拉动中国经济增长的强大动力。面对咄咄逼人的美国“极限施压”大棒，我们要进一步提高产品质量、壮大新兴消费，改善消费环境，激发消费潜力、提升消费能力，用中国经济高质量发展树立起强大的民族自信心和意志力，挺起中华民族的脊梁，就一定能够早日实现人民对美好生活的向往。

（本文刊发在《消费日报》2019年5月16日第一版）

消费新趋势之一：消费理念变革

中华人民共和国成立以来，尤其是经过改革开放40多年的发展，我国经济发展取得了飞速进步。百姓日子越来越好，人民对美好生活的追求也日益提升，消费领域的变化也越来越大。

众所周知，带动中国经济增长的三驾马车是出口、投资和消费。如果说在以前，出口和投资对经济增长的贡献率所占比重还是比较大的话，那么接下来随着国际形势的变化，考虑到中国的崛起对世界带来的影响，加上最近日益加剧的中美经贸摩擦，那么消费在经济增长中发挥的作用势必会越来越大，消费对经济增长的驱动力会越来越强。

消费表现出一些新的变化趋势值得关注，首先是消费理念的变革。消费理念的变化体现在以下三个方面。

消费概念内涵在变。讲到消费，更多情况下指的是实物商品的消费。现在的消费内涵应该包括三个层面：实物商品消费、服务消费和体验式消费。随着经济的发展和实物商品的供应充分化，实物商品的消费慢慢减缓是一种趋势，服务消费和体验式消费所占比重越来越大，普通商品已经供大于求，而高端个性化高品质商品是供不应求，尤其是服务消费需求增加，感受体验式消费更是未来的热点。服务消费的增长速度非常快，有关数据显示，2018年居民服务性消费占总消费支出的49.5%，占到将近一半。2019年消费经济的增长重点在服务消费，包括以消费者为核心的零售业，也开始重点打造更加优质的服务和体验，通过软性服务提升消费者的满意度，进而带来更多消费。人们在消费中追求放心、省心、称心，这就是消费者安心踏实消费的三个阶段，也是消费时代的变化，消费概念内涵的变化。

消费驱动力在变。在物资极度匮乏的时代，物质消费增加从而带来消费水平的提高，让人们可以吃饱穿暖解决基本生存问题。随着生活水平的提高和基本物质生活的满足，人们消费的驱动力发生了质的变化。过去人们是花钱买好的、买贵的、买名牌、买面子。现在人们开始花钱买合适的、买放心的、买称心的、买与众不同的。人们的消费观念出现了很大变化，大家宁可花钱买愿意、买喜欢、买个性。甚至很多时候不是因为消费了而改变生活，而是因为想改变生活而去消费。因此，消费升级指的就是人们因生活观念及生活方式上的改变，而产生的不同于以往的需求。不是因为生活改变了而需要新东西，是因为想改变生活需要新东西。这就是消费驱动力的不同，消费理念的变化。

消费内容本质在变。虽然大家都说现在进入了消费升级的时代，但也有少数人认为是消费降级了，其实无论消费升级也罢，降级也好，我们要看到消费者的消费结构在发生变化。尽管现在有一些行业似乎不太景气，一些类型的实体产品的消费似乎在放缓，但可能没有意识到在精神层面的消费正在大幅度增长。至少在文化消费、健康消费、知识消费、心理消费、兴趣消费等技术方面增幅很大。随着科技水平的提升，尤其是移动互联网、5G、宽带、人工智能等技术的普及，人们在消费方式、支付方式等方面都有了很多调整和改变。在精神方面的消费在迅速提升。人们愿意花费更多时间来休闲、旅游、健身；人们愿意花费更多金钱在学习知识、增加见识、提高涵养等方面；消费的核心内容本质不再是物质的消费而是精神层面的消费。这都是消费理念的变革、时代的变革。

（本文刊发在《消费日报》2019年6月5日第一版）

10 消费新趋势之二：阅读与文化消费

随着时代的发展进步，文化消费在个人消费中所占比重在逐步加大，尤其是人们的物质需求逐步得到满足之后，更高层面的精神需求开始增多，而文化消费则是精神消费中一个非常重要的方面。按照国际通行说法，人均GDP在1000美元以下，居民消费主要以物质消费为主，人均GDP在3000美元左右，进入物质消费和精神文化消费并重时期，人均GDP超过5000美元，居民的消费转向精神文化消费为主的时期。截至2018年年底，我国人均GDP已经接近10000美元，精神需求、文化消费所占比例开始提高。阅读就是实现文化消费的一个重要过程。

阅读是文化消费者对文本信息的学习、认知和选择过程。人的消费分为物质消费和精神消费。阅读是一种精神消费，是文化消费者通过阅读，对文化信息进行学习、认知和选择的过程，是一个学习文本内容、吸收文本精华的过程，是一种跟物质消费有质的区别的高级消费形式。文化消费者根据自己的兴趣、爱好和需求，对不同的文化作品进行选择性阅读欣赏，最终满足自己的精神追求。因为每个文化消费者的个体兴趣爱好、专业素养、阅读品位、信仰价值观、所处环境、思想品位以及阅读物的影响力、吸引力等不同，大家会根据自己的情况作出不同选择。

阅读是文化消费者对文本信息的使用过程。无论文本的具体呈现形式是什么，也许是文字、视频、音频等形式，文化消费者通过阅读，完成对文本信息的获取和知识的学习，再结合消费者所处具体现实环境，通过对文化信息的体会、理解、挖掘，从而对现实行为产生指导作用，进而带来收获，产生价值。因此，文化消费者通过所获取信息的指导和运用，调整和改变实践行为，让信息发挥作用，完成了对文本信息的使用。

阅读是文化消费者价值观的传播过程。在对消费行为的研究中发现，文化价值观对消费行为产生的影响受到人们越来越多的关注。每个时代有其特有的价值观、道德观和行为标准。阅读可以让文化消费者从整体了解社会标准和制度要求，通过阅读把社会价值观植入阅读者心中，形成了价值观的传播、传承和影响。承载价值观的信息通过阅读行为传递到文化消费者大脑中，把知识、思想、情感等进行无形的传递，进而被其所消化、接受、创新、提升并进行价值观的传播，发挥更大的社会作用。

阅读是文化消费者对历史文明的传承和创新过程。由于文本本身具有的保存功能，使几千年的历史文明得以弘扬和传承。无论是最早的结绳记事，还是到竹简记载、绢帛书写等，到现在最为普遍的纸张，以至最近20年开始广泛运用的电子硬盘保存、智能云存储等，都是对文本信息的记录和传承。正因为这些才使文化消费者通过阅读对文化历史有了掌握和传承创新。当然现代技术的普及和迅速发展，使信息的保存更加多元、丰富，信息保存时间更加久远，信息使用途径更加便捷，从而使人类历史文明的代际传播和积累更加多元、更加全面、更加完整，发挥的作用更大。因此，阅读是文化消费者对历史文明的传承和创新过程。

（本文刊发在《消费日报》2019年7月16日第一版）

11 消费新趋势之三：享受“夜经济”促进消费增长的红利

近年来，随着经济社会的快速发展，大众的夜生活越来越丰富多彩，夜间消费的需求也水涨船高。尤其最近一个时期，北京、上海、天津、成都等各大中城市相继出台了很多政策措施推动“夜经济”的发展，增加夜间消费场景、提升夜间消费活力。“夜经济”已经成为促进消费增长的重要力量，“夜经济”这个词也频频出现在各个媒体，甚至有专家断言，“夜经济”将成为2019年下半年消费经济增长的重要力量。既然“夜经济”的风口已经来临，就应该做好一切准备工作，尽可能享受“夜经济”给消费经济增长带来的红利。

“夜经济”，是在20世纪70年代，英国为改善城市中心区夜晚“空巢”现象而提出的一个经济学领域的名词。一般指18时至次日早6时发生的经济消费行为，包括餐饮、购物、学习、娱乐、旅游、休闲等。“夜经济”作为“日经济”的补充和延伸，只要正确引导、合理发展，就可以成为消费领域值得关注的重要经济增长点，对促进经济持续稳定向好发挥重要作用。“夜经济”满足了人民群众日益增长的美好生活需要，现在各地纷纷推出的餐饮、文化、休闲娱乐等广大市民喜爱的夜间活动，在这炎炎夏日里，为消费者带来许多清凉和惬意。享受“夜经济”给消费带来的红利，要做到以下三点。

（1）制定合理政策，引导“夜经济”的发展。在“夜经济”快速发展的当下，全国很多城市都纷纷抓住契机，相继制定出台了一系列政策支持“夜经济”，引导“夜经济”的良性发展，进而促进城市消费经济的增长。比如北京市出台的《北京市关于进一步繁荣夜间经济促进消费增长的措施》，明确到2021年年底，在全市形成一批布局合理、管理规范、各具特色、功能完善的“夜京城”，商圈和生活圈，满足人民群众的消费需求。不只是北京，各地也都行动起来了。上海市交通委员会指挥中心发布的《上海轨道交通夜间客流特征分析专报》，也从侧面印证了上海夜消费人群的“行动力”：对比2013年到2019年的上海地铁夜间客流数据显示，上海地铁全网工作日19时至停运的夜高峰时段绝对客流增量32.3万人次，累计增幅达到69.4%；休息日夜间段客流比重从2013年的17%上升至目前的21%，实际客流增长达到44.4%。两大指标远超早高峰和晚高峰的累计增幅。其他城市也相继出台了许多政策来促进、引导夜间经济的发展，这是各地夜间经济发展的政策保障。没有政策支持，“夜经济”的发展就是一句空话。

（2）创新城市管理，规范“夜经济”的健康运行。随着夜间经济的繁荣，对保障城市运行的城市基础设施以及公共服务体系的需求势必大量增加。夜间经济繁荣以后，会给城市交通、环境、安全等带来管理上的压力。20世纪90年代初，我国夜间经济开始起步时是以餐饮为主的“夜市”，随着经济的发展和社会形势的变化，夜间消费无论从内容上还是形式上都发生了很大变化，餐饮只是其中一部分而已。

在目前形势下，发展夜间经济需要找准差距补足“夜经济”的短板，结合市场实际需求稳步发展“夜经济”。“夜经济”的顺畅运行还需要更多配套制度措施作保障，建立长效机制。做好规划和差异化管理，充分考虑日间经济和夜间经济的区别。毋庸置疑，各地出台的政策是夜间经济发展的保障，但是要规范夜间经济的运行，还需要一系列城市管理措施。

在出行方面，发展夜间经济要重视交通问题，要为延迟打烊的商家经营人员和消费者提供晚归的公共交通工具；在食品安全方面，同样要注重食品安全的检查检测，保障食客安全；在治安方面，要加强治安巡逻和执法，保障夜间工作人员和消费者安全；在市场秩序方面，要确保交易的公平性；在提高商家积极性方面，要有意识地在电费、水费等方面进行补贴，保障商家营业的收入和基础利润等，这些短板问题的解决都有利于夜间经济长期有效可持续发展。要通过创新城市管理监督模式，放宽夜间特定时段相关摆卖管制，在符合环境保护、安全生产、消防安全、市政环卫等相关规定情况下，根据新形势的变化调整改变管理方式，从而促进消费经济的发展。夜间经营需要与日间经营不完全一样的管理方式。城市管理的日常措施如果存在不适宜夜间经济发展的、不符合夜间经营实际情况的就需要与时俱进调整改变。通过创新城市管理，保证“夜经济”的健康运行。

（3）多措并举，丰富“夜经济”的业态。要采取多种措施，促进夜间经济活动，丰富“夜经济”业态，增加消费人数、提升消费水平。根据当地消费习惯，打造特色餐饮一条街，这是各地开展的最为普遍、最为持久的夜间消费模式；打造夜间消费文化市场，安排各种曲艺演出、文体休闲、文化鉴赏等文化消费模式，提升大众文化素养和文化水平；打造线上消费和线下消费一体化消费新模式，带动大众利用夜间休闲时间，进行线下体验和线上购物相结合的消费模式，提高消费水平。通过多种形式的经济业态，提升夜间经济的发展水平，推动行业交流与融合发展，推动夜间经济建设向多领域、多角度、多层次、品牌化方向发展，让“夜经济”真正成为拉动中国经济进一步增长的新生动力。

（本文刊发在《消费日报》2019年8月13日第一版）

12 消费新趋势之四：互联网语境下的消费观

在“消费升级”已经成为当下热门的流行语时，我们应该静下心来思考一个问题，无论是影响消费升级的供给侧结构调整，还是供给品质的提升，抑或是细分市场的定位，核心都是在适应互联网语境给社会带来的巨大改变。不可否认，互联网已经渗透到社会的每个角落，让消费者可以根据不同的时间、不同的地点、不同的诉求而选择不同的消费产品和服务，有了更多的选择权。消费者掌握的信息越来越多，选择产品的渠道更加多元，购买商品的方式也愈加丰富，消费者完全根据自己的需求来判断什么产品和服务适合自己，商家为了适应消费者的个性化选择就必须对产品定位、产品品质、产品种类乃至供货渠道进行变革，最大限度满足适应消费者在新环境下的消费观。

消费目的转变为取悦自己。过去很多消费者通过品牌、特定符号或者公众认可的价值观来彰显自己的消费水平等。但随着互联网的迅速普及，更多的消费者开始关注自我价值的体现，通过更加个性化的选择来体现自己的价值观和消费观，很多情况下不再满足社会的需要，而是完全取悦自己，满足自我价值的实现。希望自己的选择代表自己个性化的品位和生活理念，通过与众不同的消费观彰显个性。

消费群体细分化。互联网的普及和人口结构的变化，人们的消费需求、行为方式和生活态度也随之发生了很多变化，伴随互联网尤其是移动互联网的普及，各种类型的特殊消费群体开始出现。在许多城市，越来越多的年轻人开始选择单身，形成了“单身贵族”消费群体，他们的消费行为体现出诸如追求品质、挑战个性等消费特点。随着中国社会老龄化程度的不断加深，老年人的消费观也发生了很大改变，现在的老年人不再满足于待在家里、看看孩子、慢慢养老，而是也要走出家门甚至国门，去旅游、去健身，他们的生活也越来越多元化，消费水平和消费观念都发生了很大改变。现在的中国老年人口的收入明显增加，消费结构已经出现从生存型向文化休闲型转变的趋势，老年消费市场是未来的一片新市场，可开发空间很大。这些年持续增加的出国留学人口数量也催生了大量从事出国咨询业务的机构，很多经营者抓住这个细分市场，精耕细作，为出国留学人员提供咨询服务的同时，也满足了出国留学家庭的其他咨询和服务需求。

虚实融合创造新消费模式。互联网的发展的确带来了虚拟经济的蓬勃增长，但是忽略实体经济发展的弊端也显露出来。人们开始意识到只有虚实融合发展，才能创造出新的经济增长模式，带来更加稳定扎实的消费增长。互联网跟现实生活进行充分融合，能够产生新的消费模式，带动经济增长。虚拟经济有其优越性，但是也离不开实体经济的支撑。生活方式的变化可以改变传统的零售业态、改变传统的纯粹以交易为目的的功能，让消费者可以多体验、多感知，在体验中去享受、去消费，给消费者带来完全不同的消费模式。因此也有越来越多的消费者走进实体店去观摩、去体验、去面对面了解，而进入互联网世界去购买，实现消费。

懒人经济成为消费新蓝海。所谓懒人，不是无所事事穷得叮当响的懒惰之人。而是学有所长，收入颇丰的、勤奋型的新型“懒人”，因为职场压力巨大，使他们无暇分身关注专业以外的更多事情，促使了

“懒人经济”的兴起，“懒人”已经成为越来越多商家新的目标消费群体。在互联网语境下，“懒人经济”开始出现并迅速发展，尤其是随着人工智能的发展，越来越多的消费者开始通过智能化量化自己的生活。我们看到很多独特新颖的为懒人制造的产品，串联了许多终端和智能化设备，为他们提供智能化服务。在人工智能时代，只要抓住消费者的心理，切实增强服务的实用性能，满足“懒人们”懒到底的要求，“懒人经济”就能够创造巨大市场商机，促进社会经济发展，让“懒人经济”真正火爆起来，成为消费市场新蓝海。

（本文刊发在《消费日报》2019年8月20日第一版）

13 消费新趋势之五：从消费要素“5W”和“1H”看消费变化

对于媒体人来讲，只要谈到5个W和1个H，都知道这是新闻写作的基本要素，可以说缺一不可。现在换个思维，可以发现消费也存在“5W”和“1H”，即Who（谁在消费）、When(什么时间在消费)、Where(消费的场景、地点在哪里)、What（消费什么、消费内容）、Why（为什么消费、消费动机）和How（怎样消费、消费决策过程）来观察消费的变化，就会发现从消费要素“5W”和“1H”看消费变化也是值得研究的一件事情。

Who：谁在消费、消费者是哪些人

数据显示，现在的消费主体已经是“85后”“90后”了，甚至“95后”都已经登上了消费主体的历史舞台，这些年轻人成为消费的主力军。这个群体在出生时，家庭物质条件相对于他们的父母一代改善了很多，因此他们敢于尝试新鲜事物，敢于消费，逐步成为主力消费群体。

When和Where：消费时间以及消费的场景、地点

过去经济相对落后时，国人大部分的消费高峰期会集中在中国传统节日春节，无论城市还是农村，辛苦了一年的人们在春节过年时都会实实在在消费一把，开开心心过个年，把一年中舍不得吃、舍不得穿的都在这时候享受了。而现在，这一切发生了变化，随着生活水平的提高和互联网尤其移动互联网的迅猛发展，购物消费几乎成了每时每刻都在发生的一种行为。过去人们更多是业余时间的线下消费购物，现在线上消费、网络购物从时尚变为了普及，尤其在大城市的商城，大家已经发现，售货员往往比顾客多。就连七八十岁的大爷大妈都开始热衷于足不出户的网上购物了。营销者必须恰当确定销售渠道或消费终端，让消费者更快更方便地实现购买。随时随地可以购买、可以实现消费，这就是时代的变化。

What：消费什么、如何消费

老百姓的生活水平从贫困饥饿、温饱、小康乃至全面小康一路走来，生活水平的确在逐步提高。人们从摆脱饥饿到关心温饱，再到关心小康，从关心吃穿到自身健康，进而延伸到关心环境和可持续性发展。消费的层级越来越高，消费的内容日趋丰富。现代消费观的核心理念是追求绿色、健康、快乐、品质、环保、可持续。以健康和可持续的方式生活和消费或许就是未来消费的主流价值观和核心内容。

Why：消费者的行为动机

消费要素中的Why是最值得好好思考的，也是影响因素最多的。消费者的购买动机是消费者需求与其购买行为的中间环节，具有承前启后的中介作用，给目标消费者一个明确的购买理由，或者一个令人信服的消费承诺。消费者为什么需求某种商品或劳务？为什么从多种商品中选购了某种牌号的商品？现在是一个不缺信息的时代，要弄清楚消费要满足的诉求是什么，消费哪些产品或服务。随着时代的变化，人们在基本消费诉求得到满足后，能够给消费者带来消费动机的驱动力发生了新的变化。

过去大家的购买动机更多是满足生活工作基本需求的使用性。现在越来越多人购买动机变化为也许为了使用，但更多开始有了求新求异的动机，有的是追求卓越的求优动机，有的是看中了产品和服务的品牌，有的是看中产品服务的性价比，有的是看中使用过程的简洁好操作，等等。这些购买动机的变化需要生产者、流通渠道商认真去思考、去关注。

How：如何完成消费

自从互联网跟人们的日常生活结合更加紧密之后，最大的变化是消费者获取信息的能力和生产者、销售者获取的信息几乎等量，他们要求越来越深入参与到产品和服务的提供过程中，消费者会经过在需求的支配下，通过收集资料、比较评价，才会产生最终购买的决策。因此在具体实施消费行为的过程中，消费者在决策如何选择产品和服务，通过什么渠道、什么样的过程、什么样的代价完成购买过程等都有了新的变化。这就直接导致销售者需要精准营销、精准投放广告和精准布局销售场所，需要培训适合新形势的营销队伍，需要制订新的整合营销方案等。尽最大努力打败竞品，为消费者提供更加符合需求定位的产品和服务，从而完成自己的销售目标。

通过对“5W”和“1H”消费六要素的把握，面对一项新的消费行为时，可以迅速把握其核心内容，对于消费形势的判断和把握，对于认清消费趋势变化，无疑是有帮助的。

（本文刊发在《消费日报》2019年9月11日第一版）

14 消费新趋势之六：影响消费者购买行为的因素在变

一般来说，影响消费者购买行为的因素有个人因素、心理因素、经济因素和社会文化因素等多个方面。随着时代的变迁，影响消费者购买行为的因素也在悄然变化着，消费者的购买诉求、选择标准、交易过程以及完成购买行为的影响因素都有了新的变化，无论对于生产者还是销售者都是值得关注和研究的。

求新求异的消费者日益增多。现在的市场已经成为买方市场，生产者和销售者必须认真研究消费者的消费需求变化。有越来越多的消费者开始不断尝试新产品、新服务、新技术，消费者经常主动去搜索新品牌、新市场，很多消费者开始喜欢独一无二的个性化产品，喜欢彰显个性的、与众不同的感觉，并且这类消费者的爱好总是在求新求异。而保守型的消费者只是偶尔尝试新产品新服务，并且更加偏爱他们熟悉的品牌，这一点与求新求异的消费者有很大不同。

对品牌的忠诚度在减弱。有关数据显示，有大约6%的消费群体对大品牌是极度忠诚的，他们不会轻易尝试或购买新服务，但这个群体人数比例在逐步减小；有大约1/5的消费者因为懒得改变长期以来养成的习惯而经常购买他们过去喜爱的品牌；还有更多的人在新的消费形势下，开始逐步尝试新的品牌、新的机会。他们喜欢在求新求变中寻找更符合他们诉求的产品和服务。所以对于品牌商来说，必须不断巩固既有优势、挖掘新的潜力、延伸新的业务，在主动求新求变中满足消费者的新诉求。互联网时代的到来使消费者的购买过程从过去的货比3家变为了货比*n*家，他们拥有更多选择不同品牌的机会。因此，销售者需要更多地了解把握消费者的心理变化和爱好，才能更好地完成销售行为。

价格不再是购买行为的唯一驱动因素。毋庸置疑，价格的高低对于购买行为的影响是很重要的，但价格对购买行为的影响力有逐步降低的趋势。现在的消费者在选择新品时往往容易被低价所吸引，引起消费者对产品和服务的关注，但是最终打动消费者完成消费行为的往往是产品或服务的内在优质属性和品质。因此，降价促销活动一般会吸引消费者的关注，但是最终完成购买行为需要产品或服务的高品质、实用性、便利性，当然还有性价比等因素。因此，品牌商在给新品定价时要充分考虑产品的质量、功能、实用性等因素，最大限度地满足消费者的多种需求。

社交媒体评价成为影响购买行为的重要因素。随着新媒体时代的到来，社交媒体的影响力越来越大，一个产品或服务在社交网站、微信朋友圈、微博、博客等媒体上的社会评价已经对人们的观念和认知产生了很大影响，现在越来越多的人通过社交媒体浏览新闻和了解世界，其传播的信息成为人们浏览互联网的重要内容，一个产品或服务在这个圈子的社会评价高低，成为影响购买行为的重要因素。因此，现在的商家也开始重视在自媒体平台的口碑评价。

（本文刊发在《消费日报》2019年9月20日第一版）

15 点亮一盏明灯　共铸时代精神

党的十九大以来，中国特色社会主义进入新时代，新时代的中国需要焦裕禄精神，应该努力传播弘扬焦裕禄精神，每个人更要学习践行焦裕禄精神。

新时代需要焦裕禄精神!

中国经济经过中华人民共和国成立70年，尤其是改革开放40多年的快速发展，取得了巨大进步。社会主要矛盾已转化为人民日益增长的美好生活需要和不平衡、不充分的发展之间的矛盾。这个判断是经过几十年发展后作出的重大判断，对中国经济社会未来的发展会产生重大影响。每个人都必须明确清晰了解这种社会主要矛盾发生变化的重大历史意义和现实意义。人们对美好生活追求的一个重要方面就是精神层面的提高和满足，需要更高境界的精神需求。像井冈山精神、延安精神、焦裕禄精神等，都是我们这个新时代需要的精神。这个新时代需要用主旋律、正能量的精神鼓励大家艰苦奋斗、开拓创新、无私奉献。

传播弘扬焦裕禄精神!

随着人们生活水平的提高，在衣食住行基本需求得到满足后，越来越多的人开始关注旅游，关注养生，关注健康，关注精神层面的追求。人们也开始把更多时间精力和金钱投入精神境界的提升，这也是最能给人心灵深处带来愉悦的核心要素。因此在新时代的今天，通过各种艺术形式表现传播焦裕禄精神就显得非常重要。事实上，从电影到电视剧，再到话剧、豫剧、原创音乐剧……大家都在用各种艺术形式来表现人民的好公仆——焦裕禄的形象。媒体也应该通过传统媒体、新媒体以及微信、微博、App、客户端等社交媒体多种形式宣传弘扬焦裕禄精神。让更多的人来了解焦裕禄精神，深刻理解焦裕禄精神。让更多的组织、机构能够参与到传播弘扬焦裕禄精神的工作中。

学习践行焦裕禄精神！

学习践行焦裕禄精神，就要努力做到“四有”。心中有党，就是对党忠诚，这是对所有党员干部的要求。大家要牢记政治方向，强化组织意识，时刻不忘自己对党应尽的义务和责任，自觉维护党的团结统一。要经得起风浪考验，处理好公与私、情与法、利与法的关系，清清白白做人、扎扎实实做事、坦坦荡荡做官，为官一任，造福一方。心中有民，就是要全心全意为人民服务。心系群众、为民造福，深入基层，了解民情，着力解决好人民群众最关心、最直接、最现实的利益问题。淡化个人名利，心系百姓大众。民之所好为我好，民之所恶为我恶。心中有责，就是无论身处任何岗位，都要有担当有责任，敢说话，能做事，敢于承担压力，逆境之中求生存求发展。既要有敢当重任的勇气，更要有久久为功、功成不必在我的境界。心中有戒，有戒才有度。要有所为有所不为，有些事情永远不能去想，永远不能去做。要定制度，在制度面前人人平等，以制度管人管事。要有对法律的敬畏，做事要有底线思维，红线永远不能踩踏。始终严格要求自己，自觉弘扬和践行社会主义核心价值观。

点亮一盏明灯，共铸时代精神；点亮一盏明灯，让自己永远不迷失自己；点亮一盏明灯，学习焦裕禄精神，为实现中华民族伟大复兴的中国梦提供强大正能量。

（本文刊发在《消费日报》2019年9月5日第一版）

16 尽享进博会消费盛宴

2019年11月10日，由中国国家商务部和上海市人民政府主办的第二届中国国际进口博览会（以下简称进博会）在上海国家会展中心落下帷幕。今年的进博会精彩纷呈，参展国家更多了，展台更亮丽了，产品更丰富了，文化更多元了，经贸合作更多了，进博会堪称一场消费盛宴。进博会展示的是国家形象和历史，交易的是产品和服务，交流的是文化和理念，提升的是经济和消费，收获的是合作和共赢。进博会满足了中国消费者乃至全球消费者对高质量高标准进口商品和服务的高端需求，丰富了国内消费者的多样化选择，有助于满足人民日益增长的美好生活需要。

开放的中国必将承担更多历史责任担当。“共建开放合作的世界经济，以开放求发展，深化交流合作，坚决反对保护主义、单边主义，不断削减贸易壁垒，推动全球价值链、供应链更加完善，共同培育市场需求”，习近平主席在进博会的主旨演讲，掷地有声，向全世界表明中国将继续鼓励世界各国与中国加强经贸合作，反对保护主义，维护多边的、自由的世界贸易体制的立场。中国开放的大门不会关闭，只会越开越大，中国推动更高水平开放的脚步不会停滞，中国推动建设开放型世界经济的脚步不会停滞，中国推动构建人类命运共同体的脚步不会停滞。在经济发展大潮中，经济全球化是不可逆转的历史大势，进博会为世界经济发展提供了强劲动力。改革开放40多年，中国在经济、贸易、文化、营商环境、消费等方面积累充足，形成了世界瞩目的消费能力和市场空间。在世界经济复苏缓慢，地缘政治局势紧张，贸易保护主义有所抬头的国际环境下，中国开展“一带一路”建设、举办进博会，积极为世界经济贸易发展搭建舞台，让世界各国分享中国改革开放的红利，中国正在以实际行动诠释着努力增强全球经济协同发展的历史责任担当。

多边贸易促进全球经贸发展和消费转型升级。第二届进博会有越来越多的国家和地区加入进来，他们带来了新的产品、新的包装、新的技术、新的理念。面对蕴藏巨大消费潜力的中国市场，世界各地的产品和服务来到中国市场展示、推广、销售，给世界各国带来了贸易提升的绝佳机遇。中国需要世界的产品和服务，世界也需要中国庞大的消费市场。当前中国经济已经从高速增长阶段转向高质量发展阶段，国内消费者对消费转型升级的诉求越来越强烈，对消费品的质量要求越来越高。进博会上展示的琳琅满目的进口商品丰富了消费者对高端产品和服务的选择渠道，满足了消费者对美好生活的需求。中国积极建设活跃的国内市场，为中国经济发展提供支撑，为世界经济增长扩大空间。中国将更加重视进口的作用，进一步降低关税和制度性成本，培育一批进口贸易促进创新示范区，扩大对各国高质量产品和服务的进口，庞大的中国市场消费力成为拉动全球经济增长的重要引擎。来自全球各地的参展商在进博会充分探讨、认真交流、积极合作，对促进世界经济发展，推动全球一体化建设意义重大。这种惠及全球众多国家的多边贸易促进了国际经济发展，促进了国内消费转型升级。

多元文化交流为世界文旅融合发展增加动力。进博会上每个国家的国家馆都设计得极具民族特色，每个展馆都充满了浓郁的地域文化特色，无论色彩、形状、实物、图片、视频，抑或推介人员，都体现了本国的文化特色。各个国家的知名文化单位、旅游企业以及文旅推介机构带来的精彩项目，展示了各地风土人情、特色美景、异域文化，既是文旅产品的推介，也是文化理念的传播。进博会把拥有十几亿人口的巨大国内文旅市场和全球文化、旅游服务有效链接，带动了其他国家旅游业的快速发展，同时也满足了国民物质生活提高后对文化、旅游等精神生活消费升级的追求，推动了中国文化、旅游等相关产业转型升级的步伐。进博会把各国的文化、旅游领域的交流、合作、贸易融为一体，开辟了多元文化交流传播新市场，文旅融合发展新路径、新平台、新空间，为促进世界文旅融合发展增添了动力，对世界文旅经济长期发展必将产生深远影响。

（本文刊发在《消费日报》2019 年 11 月 12 日第一版）

17 关注猪肉价格　保障百姓消费

如果说猪肉价格是2019年度百姓较为关注的热点事件之一，我想没有人会反对。的确如此，2019年5月以来，猪肉价格一涨再涨，即便在发文日期的最近几周出现一定的涨跌反复，考虑到即将到来的元旦春节，大家心里还是不踏实。毕竟谁也不敢断言猪肉价格就此开始下跌。中国人食用的肉类大部分是猪肉，因此，猪肉价格不仅是关键的价格标杆，也关系到居民生活成本的高低，影响居民的幸福指数，更关系社会和谐、人心稳定，任何时候都得重视。

下降的猪肉价格

中国爱吃猪肉的人非常多，猪肉又是国人日常餐食的主要肉类。每年全球猪肉的一半食用量在中国，因此猪肉价格成为多数中国人关心的焦点。猪肉价格的上涨直接影响每个家庭的饮食结构和消费成本。今年猪肉价格成了消费者聊得较多的话题之一，也成为目前人人都关心的重要民生话题。前段时间的猪肉价格就像汽车开上高速公路，一路挂挡狂奔。猪肉价格已经成为消费者心中的一个痛点。

据农业农村部监测，截至2019年11月29日14时，全国农产品批发市场猪肉平均价格为42.06元/公斤，环比再次下降；上周（11月

25—29日）实现5连降，较11月初的52.4元/公斤下降10.34元/公斤，降幅达到19.73%。虽然这只是全国平均批发价格，很多地方的零售价格远远高于这个数字，但毕竟大家看到猪肉价格下跌的希望了。

市场的供需关系

任何一种产品价格的变化都跟市场供求有关，猪肉价格自然也是如此，也是由市场的供求关系决定的。供不应求，价格上涨，供过于求，价格一定下跌。本次猪肉价格的大幅上涨就是由猪肉市场供应大幅减少造成的，从猪肉市场供需两个角度分析，从需求端看，国内肉类消费中，猪肉消费占比远远超过一半之上，短期内牛羊禽肉难以替代；从供给端看，中国进口猪肉量长期仅占国内猪肉消费的3%左右，绝大部分生猪来自国内养猪场，因此，尽快恢复国内生猪产能十分关键。

本轮猪肉供应减少、价格上涨，一方面是因为猪瘟病毒持续扩散，造成大量生猪死亡，生猪资源紧缺；另一方面是因为自2015年以来的环保政策关停了不少养猪小作坊，农村禁养区没有养猪场了，养猪场数量有限，导致供给不足。当然，正常的猪周期也是原因之一，猪周期是一种正常的经济周期，猪肉价格上涨时，就会刺激养殖户大量养殖，然后供应增加，猪肉价格就会下降。猪肉价格大幅下降后，养殖户利润减少，就挫伤了养殖户的积极性，减少养殖，生猪量减少，猪肉价格开始上涨。与此同时，去年开始的持续不断的中美贸易摩擦使进口美国农产品关税增加，也影响了猪肉的价格。但2009年以来，猪肉进口量呈上升态势，占总消费量的比重不超过3%，因此进口猪肉对国内猪肉价格影响有限，不是本次猪肉价格上涨的重要因素。即便如此，猪肉价格的连续上涨还是超出了大家的预期。

棘手的非洲猪瘟

据专家介绍，非洲猪瘟是由猪瘟病毒引起的一种急性、热性、接触性传染病。原来存在于非洲大陆，后来因为猪瘟传播迅速，很快就波及欧洲国家及其他国家。急性病例呈败血症变化，慢性病例主要在大肠，特别是在回盲口附近发生纽扣状溃疡。无论猪的年龄大小、体重多少、是公是母，也无论是什么季节，都有可能发病。一旦养殖场中有一头猪发病，很快就会传播到其他猪，发病很快，病情复杂，病程短，死亡率很高。病的潜伏期平均为7天，通常感染了非洲猪瘟的生猪，出现临床表现之后，大概10天就会死亡。

我国有很多中小型养猪场，在生猪饲养管理方面缺乏经验，和各大养猪场对疫情控制能力和预防免疫措施都有较大差距。一旦养殖的生猪感染了非洲猪瘟，就会很快殃及整个养殖场，给养殖户造成极为惨重的经济损失。

目前最让养殖场棘手的问题是非洲猪瘟恐慌仍没有彻底消散，疫情的挑战依然持续存在，非洲猪瘟常态化对养猪业的威胁短期很难彻底消除，对养猪户的积极性打击是长期的。据专家介绍，疫苗仍在研发阶段，最快的还处于临床前研究，从临床到应用，还有一段艰难的路要走。在此期间就需要国家层面持续提升疫情防治能力，及时披露重要信息和数据，帮助广大养殖户应对疫情。

“一刀切”的环保政策

中国传统的农村养殖习惯就是在家里养一些猪、鸡、鸭、鹅等，过年时宰杀一些自己吃，多余的卖到市场，后来逐步有了中小型养殖场。从2015年开始，出于散养生猪影响环境的考虑，政府对一些不达标的小型养猪场进行了关停。通过近几年的持续综合治理，一些卫生不达标、规模不够以及处于禁养区的养殖户被禁止养殖，导致生猪存栏总数下降，这也是造成当前生猪供给不足的一个因素。生猪存栏大量减少，自然就出现了价格上的失控。现在自己没有养猪的农民吃猪肉也要到市场上去购买，市场压力必然增大。

实事求是地说，这些年养殖业带来的污染问题确实比较严重。随着人们对环境质量要求的日益提升，开始实施最严厉的环保政策，解决污染问题也确有必要。但是，如果环保措施过于简单粗暴，甚至划定限养范围或强制关闭，那么迫于环保投入成本高和污染治理难度大，散户在“一刀切”的严厉环保政策面前没有别的选择，只能无奈地退出养猪业，后果不言而喻。

无奈的中小散户

这些年，我国养猪业发展迅速，随着养猪技术的提高，虽然规模化养殖场在逐步增多，中小养殖户占比在逐步下降，但是毕竟还有约1/3的养殖户是中小散户。现在的养殖政策环境对于中小散户来说十分不利，或者说这些中小散户非常无奈，有很多人已经放弃或者流露出要放弃养猪的念头。

与大型规模化养殖场相比，中小散户确实无奈。比如面对环保问题，他们没有足够经济能力购买上百万元的粪污处理设备，即便买了，他们也没有专业的技术人员来操作设备，以确保粪污处理完全符合环保要求。另外，大型养猪场规模化程度高，养猪技术高，养猪成本也就相对较低。规模化养猪场每年都能拿到大量的补贴，而散户养猪规模在500头以上的很少，所以散户也基本与补贴无缘。

在市场供求信息方面，中小散户掌握的信息资料是不足的，他们没法第一时间掌握最准确、最权威的外部信息，在面对疫情发生、市场行情变化、国家重大政策出台时，他们无法第一时间作出正确选择和处理，中小散户往往因此受到严重伤害，遭受重大损失。

多元的调控举措

猪肉价格走势令全社会高度关注，国家多个部门积极出手、多元发力，保障农户养殖生猪的积极性，保障市场货源充足。为了稳定猪肉价格，国务院以及各部门连续召开多次重要会议，力促恢复生猪生产、保障猪肉供应、稳定猪肉价格。2019年8月21日召开的国务院常务会议提出，综合施策恢复生猪生产，取消超出法律法规的生猪禁养、限养规定，发展规模养殖，支持农户养猪，加强动物防疫体系建设，保障猪肉供应五方面举措。2019年8月29日，商务部表态，将密切跟踪市场动态，会同相关部门适时投放中央储备冻猪肉和牛羊肉，增加肉类市场供应。同年8月30日召开的全国稳定生猪生产保障市场供应电视电话会议也作出部署，要求千方百计保障猪肉市场供应，强化市场监测预警，严厉打击囤积居奇和串通涨价等不法行为。9月4日，国务院常务会议要求，保持物价总体稳定，落实猪肉保供稳价措施，适时启动对困难群众的社会救助和保障标准与物价上涨挂钩联动机制。9月10日，国务院办公厅印发《关于稳定生猪生产促进转型升级的意见》，以保障猪肉基本自给为目标，第一次提出省级政府负总责的总要求，随后各省级政府纷纷出台猪肉“保供”政策作为响应。

农业农村部会同发展改革委、财政部、自然资源部、生态环境部、交通运输部、银保监会等部门积极想办法促进生猪生产，全国大部分省、自治区、直辖市相继发布了一系列“保供稳价”促进生猪生产的相关措施。随着各地恢复生猪生产的相关政策措施逐步实施落地，肉价上涨的狂热度已经明显降温。人们相信，生猪产能一定会逐步恢复，百姓的餐桌一定会有保障。

温暖的民生关注

以习近平同志为核心的党中央胸怀天下、情系人民，始终把改善民生作为一切工作的出发点和落脚点。习近平总书记的系列重要讲话，讲得最多的是人民，倾注最深的是民生。抓民生要抓住人民最关心、最直接、最现实的利益问题，抓住最需要关心的人群。涉及百姓日常生活的猪肉价格稳定与否，关系到百姓日常花销多少，影响百姓对美好生活的感受。2019年11月30日，国务院副总理胡春华出席全国畜牧工作会议时提出，生猪“稳产保供”是当前“三农”工作的重大任务。要充分认识抓好生猪生产的极端重要性，深刻吸取生猪生产下滑的教训，像抓粮食生产一样抓生猪生产，全面落实各项政策措施，坚决完成恢复生产目标任务，确保元旦春节和全国“两会”期间猪肉市场供应稳定。这彰显了政府对确保生猪供给的态度，也彰显了本届政府对民生的关怀，对百姓的关爱。

（本文刊发在《消费日报》2019年12月5日第一版）

18 开创媒体融合创新发展新时代

——写在《消费日报》创刊35周年

这是一个值得铭记的日子。

1985年的深冬，北京市第78中学的办公楼里，第一张《中国轻工业报》(《消费日报》的前身）迎着火热发展的轻工业建设大潮诞生了。人民日报社的印刷厂里，平版印刷机转动时的隆隆鸣响，是这个新生儿发出的第一声响亮的声音。彼时，时任轻工业部部长的杨波邀请时任中共中央总书记胡耀邦题写报名，胡耀邦同志随即挥笔写下了圆润遒劲的“中国轻工业报”六个大字；杨波亲自撰写发刊词。

35年来，我们反复回放这样的镜头。站在中国轻工业传媒事业的新起点，那些有志之士，个个满腔热血，大都风华正茂。再回首，他们伏案写作的身影依旧清晰可见，耳边依旧回荡着每篇稿件见报时他们发出的欢呼，字里行间激烈的观点交锋跃然纸上……

重温时代作出的选择和赋予的使命，为的就是不忘初心，继往开来。35年，矢志不渝。《消费日报》作为中央行业报，坚持把“政治家办报”放在第一位，始终与党和人民同呼吸、共命运、心连心；始终饱蘸理性与激情之笔，弘扬主旋律、传播正能量；始终为消费者抒怀，为轻工业放歌。

35年间，从中国轻工业的艰难起步，到“量”的迅猛扩张和

“质”的根本性飞跃，再到走上全面协调可持续发展的道路；从最初的产业集聚式发展，到打造具有示范带动作用的绿色智慧产业集群，再到培育出若干世界级先进制造业集群；从轻工业科技创新蔚然成风，到“绿水青山就是金山银山”理念成为企业自觉遵循的发展指南，再到认真落实国务院“三品”专项行动，让“中国游客在国外抢购电饭煲、马桶盖”成为历史……一篇篇报道的刊发，宛如弹奏出了一串优美、和谐的音符，组合成曲，奏响新时代催人奋进的激昂主旋律。

35载一路走来，筚路蓝缕，意气风发，《消费日报》从最初的周一刊，对开四版，发展壮大成周五刊，对开四至十二版，并搭建以消费日报网、官方微博、官方微信为核心，十余个新媒体平台做支撑的新媒体矩阵，形成了全媒体立体化传播体系。全平台的阅读量也从初期的4000万，激增到目前的2.08亿，增幅达420%。

“草木蔓发，春山可望”。时下，全程媒体、全息媒体、全员媒体、全效媒体，令人应接不暇，各种新媒体“爆款”产品掀起一轮又一轮的传播热度，《消费日报》也将在即将到来的春天华丽蝶变，构建属于自己的全媒体传播格局。策略上，坚持移动优先，力争让主流声音借助移动传播，占据舆论的主阵地和制高点；技术上，报、网、微、端、屏正在从相加走向相融；管理上，正建立扁平化管理架构，优化生产发布流程。

深入转型、深度融合、深层变革，《消费日报》正以青春姿态，开创全媒体时代的新境界。2019年的全国“两会”报道、第二届中国国际进口博览会的高光时刻、中华人民共和国成立70周年的主题报道中，《消费日报》的全媒体阵容已小试牛刀，亮点频现。

新闻媒体面对信息技术浪潮，形式创新、手段创新固然重要，但最根本的还是内容创新，其突破口就是引导采编队伍深入基层、深入一线，在“脚力、眼力、脑力、笔力”上锤炼自己。到基层去、到现场去，抢时效、抓“活鱼”，多推出读者和受众爱读、爱看、爱传的优秀作品，做一个全媒体记者，正是时代的命题，是打造新型主流媒体的必备本领，也正是讲好轻工故事、传播轻工好声音的责任担当。

从这里，听到党的声音；从这里，看到轻工业的日新月异；从这里，读懂消费者的所思所盼；从这里，感受时代的脉动；从这里，汲取前行的力量。这是《消费日报》媒体融合发展的追求与自信，也是不变的初心与使命。

35年，岁月如歌，一代代读者与《消费日报》一路同行，结下了深情厚谊，谱写了如诗的行板。

感恩、感动，致敬、致谢，送给所有为《消费日报》呕心沥血的人，送给所有给予《消费日报》支持厚爱的人，这是一份芬芳隽永的真情，雕刻在时光里，永远不朽。

站在新时代、新起点，《消费日报》将焕发青春再出发，在实现中华民族伟大复兴中国梦的新征程中，续写恢宏壮丽的新篇章。

（本文刊发在《消费日报》2020年1月10日第一版）

19 防控疫情 轻工业在行动

2020年1月26日，中轻联召开新型冠状病毒感染的肺炎疫情防控工作专题会议，传达学习习近平总书记重要讲话和中央政治局常委会会议精神，按照国资委党委的要求，对中轻联系统做好新型冠状病毒感染的肺炎疫情防控工作作出具体安排。中轻联党委决定成立中轻联疫情防控工作领导小组，党委书记张崇和任组长，党委副书记王世成和党委常委、秘书长杜同和任副组长，办公室、党建人事部、工会、团委负责人为成员，统一领导会社系统疫情防控工作。张崇和会长要求轻工行业各协会、学会响应中央号召，迅速行动起来，积极进行工作部署，细化各项措施，配合协调行业生产，增强自身防控能力，坚决打好疫情防控阻击战。

面对疫情，中轻联及代管协会、学会充分发挥行业优势作用，指导协调涉及民生保障物资的企业做好生产组织，积极支持疫区百姓生活必需品供应，加快防护装备、消毒产品等物资储备调运。中国洗涤用品工业协会、中国家用电器协会、中国乳制品工业协会、中国眼镜协会、中国饮料工业协会、中国照明电器协会等第一时间响应、迅速行动起来，相关企业主动担当、积极作为。

洗涤用品行业：中国洗涤用品工业协会（简称中国洗协）向全行业发出“全力做好消杀产品供应保障，坚决维护市场秩序”倡议书，立白、纳爱斯、浪奇、海尔洗衣机、北京一轻、中山榄菊、一枝梅、安洁康、日光集团等生产企业为抗击疫情加班加点复工生产。截至1月25日，洗涤用品全行业共有54家企业提供了134种产品，总计产能94.51万吨，产量约31.21万吨。

家电行业：海尔集团为武汉金银潭医院提供生物安全柜防护保障，以及无菌口罩、防护服、无菌手套、手术衣、隔离服、热水器、超低温冰箱、血液冷藏箱等专用安全防护医疗设备。美的集团向湖北疫区捐赠1亿元人民币和部分家电产品。TCL集团捐赠1000万元，提供筹建医院所需的公共显示LED设备、空调、冰箱和洗衣机等。

乳制品行业：截至1月27日，飞鹤乳业捐赠1亿元人民币用于新型冠状病毒防治，蒙牛集团、伊利集团、合生元乳业、光明乳业、澳优乳业、完达山乳业等纷纷为疫区捐赠资金或产品。

眼镜行业：万新光学集团捐赠人民币50万元，用于直接采购护目镜等紧缺资源。

照明行业：相关公司火速支援，捐钱捐物。雷士照明湖北运营中心成立应急小组，迅速向正在紧急筹建的“蔡甸区火神山医院”“江夏区雷神山医院”捐赠所需各类灯具。福建三安集团有限公司捐款1000万元用于疫情防控。

饮料行业：诸多生产企业积极响应政府号召，勇于承担社会责任。农夫山泉、娃哈哈红安公司、可口可乐中国公司等都积极努力捐款送水。

在中国轻工业联合会的统一组织下，代管协会、学会正在积极行动，凝聚行业力量，奉献爱心为国分忧，配合打好这场疫情防控战役。

（本文刊发在《消费日报》2020年2月4日第一版）

20 发挥《消费日报》舆论作用，助力打赢疫情阻击战

面对突如其来的新型冠状病毒感染的肺炎疫情，全国各行各业迅速行动起来，坚决贯彻落实习近平总书记重要讲话精神和党中央国务院决策部署，落实中华全国新闻工作者协会（简称中国记协）致新闻工作者慰问信精神，按照中轻联党委和张崇和会长的要求，《消费日报》积极发挥作为立足轻工行业，服务消费领域中央行业媒体的专业优势，积极行动，主动作为，充分发挥报社舆论作用，坚决助力打赢疫情阻击战。

提高政治站位，严把舆论导向。

在这场不见硝烟的战争中，媒体人必须提高政治站位，把思想和行动统一到习近平总书记重要指示精神上来，统一到党中央、国务院重大决策和国资委、中轻联统一部署上来，增强“四个意识”、坚定“四个自信”、做到“两个维护”，宣传贯彻习近平总书记重要指示精神，宣传各地区各部门贯彻落实中央指示的有力行动，不断增强全国人民战胜疫情的决心与信心，营造万众一心、众志成城的舆论氛围，让人民大众及时了解国家大政方针政策和本行业工作安排。

疫情防控工作是当前最重要的工作，2020年1月26日中轻联党委召开专题会议，落实国资委专题会议精神，对中轻联系统扎实做好新

型冠状病毒感染的肺炎疫情防控工作作出具体安排。中轻联成立会社疫情防控工作领导小组，由中轻联党委书记张崇和担任组长，统一领导会社系统疫情防控工作。

《消费日报》作为轻工领域重要媒体之一，历来承担着通过解读政策、新闻报道、时事评论等方式推动轻工领域各级党委和政府工作的重要任务。尤其在关键时刻，更要主动作为、及时发声，提高政治站位，宣传正能量主旋律，严把舆论导向关，体现媒体人的责任和担当。1月27日《消费日报》网推出报道“防控疫情　轻工业在行动”，宣传了中轻联应对疫情的相关部署，报道了轻工行业协会抗击疫情的典型做法，面对疫情，中轻联及代管协会、学会充分发挥行业优势作用，指导协调涉及民生保障物资的企业做好生产组织，积极支持疫区百姓生活必需品供应，加快防护装备、消毒产品等物资储备调运。中国洗涤用品工业协会、中国家用电器协会、中国乳制品工业协会、中国眼镜协会、中国饮料工业协会、中国照明电器协会等第一时间响应、迅速行动起来，相关企业主动担当、积极作为。让尚在休假的轻工人第一时间看到了中轻联党委的行动，心里吃了定心丸。1月29日，中轻联党委向全系统发出倡议，号召轻工系统党员干部立即行动起来，投入这场不见硝烟的战斗中，《消费日报》在多媒体全平台推送了这份倡议书——“积极响应中央号召，打赢疫情防控阻击战——中国轻工业联合会党委致全系统倡议书”，倡议大家要积极响应中央号召，要努力维护社会和谐稳定，坚持正面引导、主动发声，做到不信谣、不传谣、不造谣，及时关注官方主流媒体信息。要坚定信心，共同维护社会大局稳定，做诚信友善自强互助的轻工人。要立足本职做好疫情防控，要做好自我防控服务全局，做到科学防控、精准防控、全民防控，有效阻断疫情传播途径。短短一天时间，在新华号（新华网客户端推出的新媒体平台）上，点击量超过48万人次。与此同时，《消费日报》整理了一系列轻工系统各行业协会、各重点企业疫情防控的稿件，安排在2月3日到10日的报纸版面分行业、分协会专题刊登。通过这一系列宣传报道，充分发挥了新闻媒体的作用，加大了权威信息发布力度，加强了政策措施宣传解读，振奋精神、凝聚力量，提振大家战胜疫情的信心和决心。

科学传播正能量，稳定大众心态。

随着新型冠状病毒感染的肺炎疫情的传播和扩散，国内的新闻媒体都将报道重点放在了疫情新闻当中。当前，很多大众还在高度关注疫情进展并且还有一定的恐惧心理，新闻媒体更要考虑信息发布的时机和内容，必须有利于帮助大众建立良好的社会心态，有利于提高大家战胜疫情的决心和信心，有利于社会的稳定。新闻报道必须能够稳定人心，让大家看到希望。

在1月27日消费日报网推出的报道《防控疫情　轻工业在行动》中，就列举了中轻联直属相关行业协会和企业为抗击疫情所开展的部分工作。新闻媒体就是要充分发挥自身的传播力、引导力、影响力，发挥正确舆论作用，传播正能量，引导大众建立良好心态，让《消费日报》的新闻报道发挥正面引领作用，助力打赢疫情防控阻击战。

发挥轻工行业优势，助力打赢疫情阻击战。

这次突如其来的疫情，来势凶猛，涉及范围广，影响面大。媒体要把宣传报道当作一次战役对待，必须高效有序运转。《消费日报》社启动应急机制，成立《消费日报》社疫情防控领导小组，由党总支书记、社长总编辑担任负责人，放弃春节假期休息坚守工作岗位，统一指挥调度报社疫情防控工作，由社长总编辑统一安排疫情期间新闻宣传报道工作：统一领导，统一指挥，统一调度，统一行动，抓好方向，抓好选题，抓好角度，抓好对象。张崇和会长要求报道要始终把人民群众生命安全和身体健康放在第一位，切实扛起疫情防控媒体责任，切实做到守土有责、守土尽责。在报道中充分体现发挥轻工行业优势，支援疫区医疗救助和百姓生活必需品供应，充分展现轻工企业的责任担当。

面对突如其来的疫情，作为非时政类媒体，《消费日报》坚守真实是新闻的生命。鉴于对医学专业知识不熟悉，为保证新闻真实性，时政类疫情动态信息只能转发国内权威媒体或国家卫健委的新闻信息，报道重点主要围绕轻工行业开展，宣传科普知识和健康理念，宣扬轻工支援湖北，支援疫区的典型事迹。《消费日报》社针对疫情的现实情况，为避免交叉感染，大力推动网络办公，重要稿件第一时间在新媒体平台刊发，在网站首页开设了“众志成城抗疫情”专栏，制定了《关于审核发布有关疫情稿件的通知》等规章制度，建立顺畅审核渠道，落实稿件刊发流程，即便在疫情特殊时期也必须严格执行稿件“三审三校”制度。1月28日刊发了《万众一心迎挑战　众志成城战疫情》的消费时评文章，仅新华网新华号阅读量就达到了40万人次，1月30日刊发了《防控疫情　从我做起》的文章，同时面对每天增长的确诊病例数字，一股强大的不安、焦虑和担忧情绪也在百姓心中发酵，于是1月31日刊发了消费时评《应对疫情　理性消费》一文，仅一天时间在新华网的阅读量超过了55万人次。很多人点评说，这篇文章告诉大家抛弃恐慌，理清思路，要做好防护，看清形势，理性消费，有利于抗击疫情取得最终胜利！因为人心稳了，民情稳了，秩序稳了，国家出台的一系列要求才好执行，才会有利于疫情防控，有利于这次疫情尽早结束，这篇文章在人心惶惶时推出，可以说恰逢其时，给广大人民群众注入了希望和信心。2月2日，刊发了消费时评文章《让记者的笔成为助力打赢疫情阻击战的锐利武器》，被民进中央等多家媒体转发，截至5日中午仅新华号的阅读量就超过128万人次，在“众志成城抗疫情”专栏，初审稿件403篇，终审上线稿件250篇。各频道刊登稿件511篇，像《我们不涨价！》《海口保供稳价守护好市民菜篮子》《汾酒集团捐款2000万元 支持抗击疫情》《驰援武汉！恒力集团捐赠1亿元》《刻不容缓！伊利持续投入1亿元抗击新型冠状病毒肺炎疫情》

等稿件都引起较大反响。立足轻工行业，挖掘企业特色，宣传典型事例，投身疫情报道。不断增强《消费日报》新闻记者的脚力、眼力、脑力、笔力，把轻工各行业各企业帮助武汉、支援湖北的实际行动和感人故事展示出来，让大家在巨大危难面前，看到党中央、国务院和各级党委政府采取的有力防控举措，看到社会各界的齐心协力、众志成城，感受到有力的“轻工力量”和强大的“中国力量”。让记者手中的笔真正成为助力打赢这场疫情阻击战的锐利武器。

《消费日报》防控疫情宣传工作有亮点有特色。

第一，提高站位、加强宣传，把握新闻宣传正确导向。按照中轻联党委及张崇和会长的要求，提高政治站位，由社长、总编辑李振中统一指挥新闻宣传报道，把好方向，抓好选题。积极发挥行业媒体的专业优势，宣传科普知识和健康理念，报道轻工行业支援湖北、支援疫区的典型事迹。

第二，开设专栏、总编原创，扛起新闻媒体宣传责任。在网站首页开设了“众志成城抗疫情”专栏，由社长、总编辑李振中亲自执笔，完成《万众一心迎挑战　众志成城战疫情》《应对疫情　理性消费》《让记者的笔成为助力打赢疫情阻击战的锐利武器》等多篇消费时评及《防控疫情　轻工业在行动》等多篇专栏报道，在人民网、新华网、澎湃新闻、今日头条等多家主流媒体平台刊发，累计阅读量达400余万次。

第三，积极发声、主动作为，提升中轻联及《消费日报》影响力。1月29日，在多媒体全平台推出《积极响应中央号召，打赢疫情防控阻击战——中国轻工业联合会党委致全系统倡议书》，发出轻工行业坚决抗击疫情、维护社会稳定的坚强声音，扛起轻工行业保障疫情期间日常消费品供应的社会责任。1月30日，刊发了《防控疫情 从我做起》文章，号召报社全体职工积极抗击疫情、从我做起，努力做好本职工作。2月4日到10日在《消费日报》开设专版连续宣传中轻联各行业协会抗击疫情的稿件18篇，全方位提升中轻联防控疫情活动的影响力。

第四，严格审校、提高质量，传播疫情抗击正能量。由社长、总编辑李振中牵头，制定发布《关于审核发布有关疫情稿件的通知》，理顺假期审核渠道，严把稿件刊发流程，严格执行稿件“三审三校”制度，严把稿件质量，传播正确舆论导向，稳人心、鼓士气。消费日报社“众志成城抗疫情”专栏，刊发大量疫情报道文章，同时，配合国资委央企媒体联动刊发了部分疫情新闻稿件。多篇稿件引起较大社会反响。

疫情无情人有情。抗击疫情期间，报社领导班子部分成员提前结束春节假期，在京每天工作十几个小时，一方面指挥调度报社工作，另一方面笔耕不辍，传播知识与力量。在中轻联党委的正确领导下，在报社领导班子的统一指挥和报社全体职工的共同努力下，《消费日报》社通过系列宣传报道和组织管理工作，扛起了新闻媒体的社会责任，传播了轻工联及轻工行业抗击疫情、保障消费品供应的责任担当，为最终打赢这场疫情阻击战提供了坚强的政治保障、组织保障和新闻保障。

（本文刊发在中国记协官网）

21 万众一心迎挑战 众志成城战疫情

2020年春节，突如其来的新型冠状病毒肺炎疫情打破了本应祥和欢乐的节日氛围。这场暴发自武汉波及全国的疫情，也冲淡了过年的喜气。“新型病毒”“飞速扩散”“无症状感染”“封城封路”等词，在春节前后的几天达到了高峰。患病人数每时每刻的变化和国家权威信息发布都牵动着亿万国民的心。

往年，当零点钟声敲响时，最多的是不绝于耳的鞭炮声和拜年祝福声。今年，这一切都变了，在肆虐的疫情面前，再贴心的嘘寒问暖也变得苍白无力，因为大家都知道，疫情还在蔓延，灾难尚未过去。因此，“加油武汉”“加油中国”成了最热的词。

疫情无情人有情，疫情来了，我们该怎么办?

疫情就是命令，防控就是责任。

坚定信念、树立信心。

面对这场新型冠状病毒肺炎疫情，党中央国务院高度重视。习近平总书记在1月25日农历正月初一主持召开中央政治局常委会会议并发表重要讲话，对疫情防控特别是患者治疗工作进行再研究、再部署、再动员，充分体现了以习近平同志为核心的党中央对疫情防控工作的高度重视，对人民健康高度负责的责任担当和为民情怀，为做好疫情防控工作指明了方向、提供了根本遵循。在疫情肆虐的特殊时刻，每个人都要坚定信念、树立信心，增强“四个意识”、坚定“四个自信”、做到“两个维护”，充分相信党和政府的决心和能力，相信中国特色社会主义制度的优势。这种必胜的信心不是空中楼阁的虚无，而是建立在政府、社会和人民大众齐心协力真抓实干的行动上，是先后取得抗洪抢险、抗击非典、抗击冰雪灾害等突发灾害事件后建立起来的信心。因此，在以习近平同志为核心的党中央坚强领导下，全国人民万众一心，坚定信念，同舟共济，一定能够取得疫情防控的最终胜利。

科学施策，积极治疗。

在重大疫情发生时，全国一盘棋，中央层面有以习近平同志为核心的党中央高度重视，基层百姓和医疗单位也要倍加警惕病毒疫情，把专家、患者、科技资源集中到有条件有能力的地方治疗，不断完善诊疗方案，加强治疗经费保障，通过多种渠道保障口罩、防护用品、治疗药物、医疗器械等公共卫生和医疗卫生耗材供应，为疫情防控工作提供有力保障。使患者得到及时科学有效救治。

做好自己，保护你我。

有人说今年春节只要在家待着，不串门不拜年，不走亲访友就是对社会的一种贡献。此话不无道理。毕竟在疫情持续蔓延，还没有彻底弄清传播源头、彻底切断传播路径的时候，减少人口流动，降低病毒传播可能性就成为最好的预防措施。少一个人流动，就少一个人传播。因此，保护好自己，就是对别人的最大保护。面对疫情，我们要以防控大局为重，严格执行传染病防治规范措施标准，增强自我防护意识，采取各项措施，做好自我防卫，严防疫情传播扩散。新型冠状病毒感染的肺炎是一种新发疾病，像商场、餐馆、影院、展览馆、火车站、地铁站、飞机场、公交汽车站等人员聚集的公共场所尽量不去。减少接触公用物品，出门时戴上合格口罩，养成回家勤洗手等卫生习惯。竭尽全力做好自己，对自己负责，也是对社会负责。

立足行业，勇担责任。

在疫情面前，勇于承担社会责任，立足行业优势，服务抗击疫情大局。比如中国轻工业联合会迅速成立了疫情防控工作领导小组，由中轻联党委书记张崇和担任组长，统一领导指挥中轻联系统疫情防控工作。张崇和要求轻工行业各协会和学会响应中央号召，迅速行动起来，积极进行工作部署，细化各项措施，配合协调行业生产，增强自身防控能力，坚决打好疫情防控阻击战。

面对疫情，这既是一种责任，更是一种担当。中轻联及代管协会、学会充分发挥行业优势作用，指导协调涉及民生保障物资的企业做好生产，积极支持疫区百姓生活必需品供应，加快防护装备、消毒产品等物资储备调运，充分展现轻工企业的责任担当。疫情当前，需要每一个部门、每一个企业、每一个环节、每一个人都切实担当起社会责任，再大的困难都能战胜。

在这场看不见硝烟的战争中，只要全国人民万众一心、众志成城战疫情，勠力同心、和衷共济渡难关，胜利一定属于我们。

武汉加油！中国加油！

（本文刊发在《消费日报》2020年2月5日第一版）

22 应对疫情 理性消费

春节长假即将结束，人员大量流动，势必给新型冠状病毒肺炎疫情防控带来新的压力，无论交通运输还是市场消费都需要认真对待。战胜疫情，需要社会各方的共同努力。保护人民利益，保障百姓健康，引导人民科学防护、理性消费，齐心协力，众志成城，共同打赢这场疫情防控阻击战。

政府做保障，别怕。

疫情发生后，日常生活的物资保障无疑是民众最关心的问题。对此农业农村部、交通运输部、公安部等部委于2020年1月30日下发紧急通知，要求各地确保“菜篮子”产品市场供应和农业生产稳定发展，重点抓好“菜篮子”产品生产保供，维持正常生产秩序，确保“菜篮子”产品及时有效供给。

针对与群众生活密切相关的轻工产品生产供应问题，中国轻工业联合会高度重视，会长张崇和多次强调直属各行业协会要讲政治顾大局，充分发挥行业协会优势，紧密联系相关生产流通企业，加强指导，组织好生产，加大供应，支援疫区，确保百姓日常生活不受或少受疫情影响，为打赢疫情防控阻击战提供充足的物资保障。可以说在农产品和日用消费品生产供应上，有政府做保障，大家别怕！

流通已顺畅，别慌。

当前，部分地区、个别地方为防控疫情不得已采取了阻断道路措施，客观上对交通运输产生了影响。对此交通运输部明确要求，按照“一断三不断”的原则，坚决阻断病毒传播渠道，但要保证公路交通网络不能断，应急运输绿色通道不能断，必要的群众生产生活物资通道不能断。严禁未经批准擅自设卡拦截、断路阻断交通等违法行为，维护“菜篮子”产品和农业生产资料正常流通秩序。

目前，从全国范围来看，交通运输已通畅，高速未封路，国道很畅通，物流很稳定，快递在流通，确保“菜篮子、米袋子”出得了村、进得了城、入得了户。可以说在百姓的交通出行和货物运输上，流通已顺畅，大家别慌！

货源很充足，别抢。

疫情刚开始时，部分民众产生了恐慌心理。个别人打破了原本正常的购买频率，突击购买、集中采购，加之春节假期部分农民工返乡、人员缺乏，货架物品来不及补充，从而造成了短时间内极个别超市出现商品空架现象。

对此，商务部负责人明确表示，全国商品市场供应有充足保障，各级政府部门和企业正在全力调运补货，增加市场供应，丰富市场品种，抢购后货物缺少现象已经解决。北京市商务局相关负责人表示，在全力做好疫情防控的前提下，相关部门及时研判情况、积极组织货源，调度市场供应，保障首都市场粮油、蔬菜、肉蛋奶等生活必需品货源充足、市场供应稳定。可以说，在各种生活必需品的市场供应上，只要正常购买、理性消费，货源很充足，大家别抢！

超市都开门，别囤。

为了切实阻断疫情病毒的传播途径，国家鼓励消费者春节假期尽量居家、减少出门，居民适当储存一些柴米油盐消费品实属正常。但是千万不要盲目抢购、大量囤积，尤其是口罩、消毒用品等物资。大量食品、货品囤积在家，既容易变质，造成浪费，又影响了他人采购。同时，大量跟风抢购还会造成短时间供不应求、价格波动，从而对市场产生冲击。

记者调研北京超市发、京客隆、物美等多家超市，虽然营业时间略有调整，但尚没有超市关门停售现象，涉及群众生活的肉、蛋、奶、粮、油、茶等超市都有充足的备货量且品种丰富。可以说在消费品经营销售部门的营业保障上，超市都开门，大家别囤！

野味有危险，别吃。

俗话说，民以食为天，食以安为先。不知从何时起，有些人开始偏爱吃野味，认为野味更有滋补功效。殊不知，很多野生动物身上存在大量有害病毒，食用野生动物就是拿自己的健康在冒险，可谓害人害己。因此，不接触、不购买、不食用野生动物，才是对我们和大自然最好的保护。

当前，很多人都在呼吁，相关部门应立即出台紧急政策和相关行业规范、法律法规，在全国范围内全面检查和关闭各类野生动物交易市场，同时禁止在各类餐厅和餐饮经营单位制售、食用野生动物，让所有餐饮经营单位，全面停止制售野生动物食品、食物和菜肴，保护人民群众身体健康，引导大家健康饮食，远离野味，树立健康饮食观念。野味有危险，大家别吃！

消费可维权，别乱。

突如其来的疫情不仅打乱了人们的春节假期安排，也打乱了人们的消费行为。由于疫情原因造成的交通退票和其他生活消费退款问题，消费者完全可以依法维权。即便当时不能解决，也要留好票据以便日后主张权益，国家相关部门会维护消费者权益。

近日，北京市市场监督管理部门对借疫情防控之机囤积居奇、串通涨价、捏造散布涨价信息、哄抬物价等行为，重拳出击，及时亮剑，严厉查办多起违法案件，有力地保障了消费者权益。可以说，在疫情灾难面前，更体现监管部门的服务意识和企业的社会责任。疫情无情人有情，面对疫情，消费者仍然可以理性维权，大家别乱！

疫情会结束，别哭。

当地时间1月30日晚，世界卫生组织宣布，将新型冠状病毒肺炎疫情列为国际关注的突发公共卫生事件。同时指出中国采取了超常规的有力措施，中国在很多方面为应对疫情提供了榜样，不建议对中国采取旅行和贸易限制。国家卫生健康委员会31日表示，中国政府高度重视新型冠状病毒肺炎防控工作，已经采取最严格的防控措施。我们有信心、有能力有效控制并最终战胜疫情。

疫情阻断的是相见，无法割断的是亲情。面对疫情，国资委、中轻联党委高度重视、精心部署，广大轻工企业立足行业，真抓实干，用实际行动抗击疫情、支援武汉。洗涤用品协会、眼镜协会、家电协会等行业协会，茅台、伊利、海尔等《消费日报》战略合作单位纷纷慷慨解囊，支援武汉，将一份份爱心传达到湖北、传递到武汉。

我们相信，霜雪融化汇甘溪，春暖花开万千红。只要我们紧密团结在以习近平同志为核心的党中央周围，高举中国特色社会主义伟大旗帜，坚定信念、团结一致，就一定能战胜疫情，迎来胜利。天佑中华，疫情终将结束，胜利一定属于我们，国人别哭！

（本文刊发在《消费日报》2020年2月7日第一版）

23 防控疫情　从我做起

——致《消费日报》社全体职工倡议书

尊敬的报社同人们，亲爱的离退休老干部们：

当前正值新型冠状病毒感染肺炎疫情防控的关键时期，我们希望每个消报人都能以高度的政治责任感和使命感，深入学习贯彻习近平总书记重要指示精神，落实国务院决策部署，自觉配合中轻联党委和北京市关于疫情防控工作总体要求，配合社区防控工作，从自身做起，为坚决遏制疫情扩散、坚决打赢疫情防控阻击战贡献自己的一份力量。

在此，《消费日报》社领导班子、《消费日报》社疫情防控工作领导小组发出倡议。

（1）首先做好个人及家庭的卫生。保护自己就是保护他人。在北京市启动突发公共卫生事件一级响应机制期间，要求自己和家人谨记：戴口罩、勤洗手、多喝水。尽量不去农贸市场、活禽销售市场等场合。

（2）坚决取消人群聚集性活动。请大家少去人群密集的地方，减少走亲访友，取消聚餐聚会，提倡电话拜年、微信联系等方式。非常时期保持距离，减少接触，是为了亲情友情更加长久。

（3）主动做好社区、单位登记工作。从湖北省或路过湖北省的返京人员或接触湖北省的回京人员，务必到所在社区、单位做好信息登记。如发现未登记人员，请大家做好监督，做自己家庭、单位、社区的监督守护人。

（4）返（出）京时请配合交通部门卫生检疫。新型冠状病毒肺炎有一定潜伏期，各交通要道设置的卫生检疫工作，希望大家配合做好出入人员的体温检测等。

（5）关注相信官方信息，不信谣、不传谣。不随意听信网络传播的信息，以官方发布信息为准，坚决不做不实信息的相信者、传播者，积极传递正能量。

（6）科学预防和治疗。当前防控最有效的办法就是早发现、早诊断、早治疗、早隔离。一旦出现疑似情况，及时上报并采取手段。对已经确诊的病人进行有效隔离，及时治疗，减少与病人接触是极为重要的。

（7）宅在家中利安全、促和谐。非常时期，对于非医疗、社会服务等特殊岗位的普通人，留在家中不外出就是最好的选择。一家人在一起，既有利于防止疫情传播、有利于疫情防控，又促进家庭和谐幸福，彼此关爱，共克时艰是最好的选择。

为您响应报社的倡议深表感谢，再次感谢您为家庭、为报社、为社会作出的贡献，祝您和家人新春快乐、阖家幸福安康！

（本文刊发在《消费日报》2020年1月29日第一版）

24 让记者的笔成为助力打赢疫情阻击战的锐利武器

面对突如其来的新型冠状病毒感染的肺炎疫情，全国各行各业迅速行动起来，坚决贯彻落实习近平总书记重要讲话精神和党中央国务院决策部署，落实中国记协致新闻工作者慰问信精神，按照中轻联党委和张崇和会长的要求，《消费日报》积极发挥作为立足轻工行业，服务消费领域中央行业媒体的专业优势，积极行动，主动作为，让记者手中的笔成为锐利武器，充分发挥舆论引导作用，坚决助力打赢疫情阻击战。

提高政治站位，严把舆论导向。

在这场不见硝烟的战争中，媒体人必须提高政治站位，把思想和行动统一到习近平总书记重要指示精神上来，统一到党中央、国务院重大决策和国资委、中轻联统一部署上来，增强“四个意识”、坚定“四个自信”、做到“两个维护”，宣传贯彻习近平总书记重要指示精神，宣传各地区各部门贯彻落实的有力行动，不断增强全国人民战胜疫情的决心与信心，营造万众一心、众志成城的舆论氛围，让人民大众及时了解国家大政方针政策和本行业工作安排。

疫情防控工作是当前最重要的工作，能否切实维护人民群众身体健康和生命安全，既考验各级领导干部能否真正做到守初心、担使命，也检验各级领导干部在危难险重工作中的实际能力和水平。1月26日中轻联党委召开专题会议，落实国资委专题会议精神，对中轻联系统扎实做好新型冠状病毒感染的肺炎疫情防控工作作出具体安排。中轻联成立会社疫情防控工作领导小组，由中轻联党委书记张崇和担任组长，统一领导指挥疫情防控工作，全面部署、细化措施，层层落实，做好联防联控，坚决打赢疫情防控阻击战。张崇和会长指出，《消费日报》作为轻工领域重要媒体之一，历来承担着通过解读政策、新闻报道、时事评论等方式推动轻工领域各级党委和政府工作的重要任务。尤其在关键时刻，更要主动作为、及时发声，提高政治站位，宣传正能量主旋律，严把舆论导向关，体现媒体人的责任和担当。2020年1月27日消费日报网推出报道《防控疫情　轻工业在行动》，报道了中轻联应对疫情的相关部署和轻工行业协会抗击疫情的典型做法，让尚在休假的轻工人第一时间看到了中轻联党委的行动，心里吃了定心丸。1月29日，中轻联党委向全系统发出倡议，号召轻工系统党员干部立即行动起来，投入这场不见硝烟的战斗中，《消费日报》在多媒体全平台推送了这份倡议书："积极响应中央号召，打赢疫情防控阻击战——中国轻工业联合会党委致全系统倡议书"，短短一天时间，在新华网点击量超过48万人次。与此同时，《消费日报》整理了一系列轻工系统各行业协会、各重点企业疫情防控的稿件，安排在2月3日到10日的报纸版面专题刊登。通过这一系列宣传报道，充分发挥了新闻媒体的作用，加大了权威信息发布力度，加强了政策措施宣传解读，振奋精神、凝聚力量，提振大家战胜疫情的信心和决心。

科学传播正能量，稳定大众心态。

随着新型冠状病毒感染的肺炎疫情的传播和扩散，国内的新闻媒体都将报道重点放在了疫情新闻当中。对于疫情的讨论和关注直接影响着每个人的心态。毋庸置疑，通过媒体的连续报道和科学引导，已经迅速增强了全国人民对于少出门、戴口罩、少聚会、勤洗手等一系列有利于防止疫情传播的习惯养成。对于切断病毒传播途径，保护易感人群起到了非常重要的作用。

但是我们也应该看到，从口罩的脱销到消毒用品的缺货，尤其是1月31日一则双黄连口服液防治病毒的新闻信息竟然让各个药店和各大网络销售平台的双黄连口服液迅速被一扫而空，与此同时，“丁香园”“腾讯医典”等医学相关微博开始质疑抢购双黄连的行为、药效临床效果进程、发布时机等问题，《人民日报》也于次日上午发微博呼吁大众不要抢购双黄连。可见在防控疫情的特殊时期，新闻媒体的任何一则信息都可能影响大众的心态，带来社会的群发行为，甚至引起社会的恐慌。

我们从这个事件中不得不思考新闻媒体到底应该如何做好报道。不可否认，少数新闻媒体仍然有为了抢新闻而在信息发布过程中存在不严谨或有些忽视社会影响和公众心态的情况。大家都知道，用积极的心态面对失败，失败是成功之母；用消极的心态面对失败，失败还是失败。积极的心态对于一件事情成功与否至关重要。双黄连事件的发生值得思考，在该药临床试验还没有获取足够数据，药效机理还没有研究清楚，效果如何还没有最后定论的时候，有的媒体就匆匆忙忙在第一时间向并不专业的大众发布消息，没有考虑到这种报道可能在这个特殊时刻给社会带来的负面影响。即便报道，也应该向大众完整说明目前研究进展到底进行到了哪个阶段，而不是匆忙发布不严谨信息。当前，很多大众还在高度关注疫情进展并且还有一定的恐惧心理，新闻媒体更要考虑信息发布的时机和内容，必须有利于帮助大众建立良好的社会心态，有利于提高大家战胜疫情的决心和信心，有利于社会的稳定。新闻媒体要充分发挥自身的传播力、引导力、影响力，发挥正确舆论作用，传播正能量，引导大众建立良好心态，让媒体新闻报道助力打赢疫情防控阻击战。

发挥行业优势，助力打赢疫情阻击战。

这次突如其来的疫情，来势凶猛，涉及范围广，影响面大。媒体要把宣传报道当作一次战役对待，必须高效有序运转。由总编辑统一安排疫情期间新闻宣传报道工作：统一领导，统一指挥，统一调度，统一行动，抓好方向，抓好选题，抓好角度，抓好对象。报道要始终把人民群众生命安全和身体健康放在第一位，切实扛起疫情防控的媒体责任，切实做到守土有责、守土尽责。在报道中充分体现发挥轻工行业优势、支援疫区医疗救助和百姓生活必需品供应，充分展现轻工企业的责任担当。

（本文刊发在《消费日报》2020年2月11日第一版）

25 农村疫情防控刻不容缓

这一段时间，新型冠状病毒肺炎疫情持续蔓延。在以习近平同志为核心的党中央坚强领导下，坚持全国一盘棋，保障人民群众生命安全和身体健康，我们正在全力以赴攻坚这场防控疫情的阻击战。目前，各地联防联控工作正在深入开展，而农村地区医疗水平有限，农民防控意识相对较弱，科学防控疫情形势严峻，如果大规模暴发疫情，后果不堪设想，因此做好农村地区疫情防控刻不容缓。

疫情面前，无论城里人还是农村人，没有谁是局外人。目前，正值抗击新型冠状病毒肺炎疫情关键时期，也是“大隔离、大消毒”发挥作用的最佳窗口期，当务之急是做好农村基层疫情防控，对人口密集的重点场所进行消毒，不聚会、不扎堆，戴口罩，通过自我隔离阻断传染源传播，是我们每个人都应遵循的防疫行为准则。勤洗手，及时做好个人消毒与公共场所消毒，是防止接触传播的有效手段。党中央国务院已经发出全面防范和控制疫情的总动员令，各地纷纷采取措施，坚决防止疫情向农村蔓延。

农村地区的特点决定了在疫情防控中存在很多困难，这些难题必须正视。农民外出打工登记信息太繁杂，需要挨家挨户走访核实，而且担心瞒报、少报；一些村民文化程度偏低，不听劝阻，面对疫情心存侥幸心理，开展工作比较困难；有些村民对疫情没有正确的认识，根本不重视；部分老年人不戴口罩，信命不信科学；有的村民虽然不外出走亲访友，但仍然聚在一起打麻将，仍有个别人不戴口罩，存在风险；在农村结婚和办丧事时还存在多人聚会情况。

针对这些现实状况，首先要加强宣传，让老百姓了解疫情，熟悉常识，懂得敬畏。农村疫情防控宣传，可以借助新技术新形式新手段，比如微信、电视、广播甚至无人机等，加强疫情防控宣传，解决可能存在的村民防控意识相对较弱，春节人口返乡多，部分返乡人员多年没有回乡，对乡村乡情不完全了解等问题。通过宣传，把新型冠状病毒肺炎疫情防控知识精准传播到全村各家各户。曾经有一则视频在网络上热传，视频显示，一名没有佩戴口罩的老人正在空地上溜达，这时，从天空传来一个声音，“老奶奶，别看了！这是咱们村的无人机，你不戴口罩就不要出去，不要乱跑。”在一条土路上，一位没戴口罩外出的农村老人被正在巡逻的无人机拦截。她仰起头，盯着空中朝自己喊话的无人机看了半天，最终乖乖返回家中。在内蒙古呼和浩特，一个村庄用无人机提醒村民防控新型冠状病毒肺炎疫情的这一幕，一上传到视频平台就立马被刷屏，被《人民日报》等媒体纷纷转载，点赞量迅速超过800万。用微信群、无人机宣传防疫知识、劝告村民不要聚集和提醒不戴口罩外出人员的新方式让大家眼前一亮。这就是新科技带给农村疫情防控的变化，如今已成为农村基层疫情防疫宣传的有效途径之一。

在农村地区防控疫情，要科学应对，采取合理举措，比如统计外出打工回乡人员，湖北返乡人员在家隔离14天，其他地区回乡人员每日登门量体温，禁止聚会，走亲访友，外出登记量体温做记录，每日广播疫情信息，告诫村民注意事项，宣传防护知识。同时在农村防控中一定要充分发挥村卫生室在疫情防控中的作用，基层卫健委应该积极采取措施，部署和指导基层医疗卫生机构全力做好疫情防控工作，充分发挥村卫生室在新型冠状病毒肺炎疫情防控中的作用，做好疫情医疗保障工作，建立疫情防控药品和医用耗材集中采购绿色通道。利用科学技术和科学路径，充分发挥基层组织作用，高度重视农村疫情防控，强化群防群控。为农村地区的疫情防控奠定坚实基础，确保农村地区疫情防控取得实效，保障人民群众生命安全和身体健康。抗击疫情，人人有责，农村防疫，刻不容缓。

（本文刊发在《消费日报》2020年2月12日第一版）

26 有序实施复工复产 促进经济健康发展

近日，习近平总书记在北京调研指导新冠肺炎疫情防控工作时强调，要统筹推进经济社会发展各项任务，在全力以赴抓好疫情防控同时，统筹做好“六稳”工作。抓实抓细各项防控措施，要依法依规、科学理性，统筹处理好疫情防控与民生保障、复工复产的关系，一手抓疫情防控，一手抓复工复产，坚决遏制疫情扩散蔓延，切实维护正常经济社会秩序。

战疫情，返乡回潮是考验。

据国家卫健委2020年2月14日公布的数据，全国湖北以外地区新增确诊病例10连降，但仍然不能大意，因为2月上中旬以来，新冠肺炎疫情又将面临春节后返乡人流回潮的严峻考验，这是近期防控重点，也是面临的严峻挑战。返工潮的来临，使未来全国大城市将面临极大考验，一旦控制不力，前段时间付出的努力可能功亏一篑。因此，中心城市和城市群成为现在联防联控的重点区域，接下来的一个月，北京、上海、深圳、广州等大城市必将面临严峻考验。

随着2月10日全国各地陆续开始复工，防控新冠肺炎疫情开始进入一个全新的阶段。习近平总书记亲自部署、亲自指挥，全国已经形成了全面动员、全面部署、全面加强疫情防控工作的局面。目前在进一步防控疫情蔓延的同时，疫情阻击战也开始进入有序恢复生产的阶段。

迎挑战，经济发展很关键。

随着时间的推移，个别人思想有所松懈。大家千万别掉以轻心，复工不是万事大吉，挑战才刚刚开始。尽管此次疫情不会改变中国经济长期向好的基本面，但短期内对制造业、对广大中小企业、服务业以及整个经济交易活动的冲击不可避免。本次疫情是对政府、对卫生体系、对公民健康，甚至对全社会的一次大考。对企业来讲，为了有效阻止疫情传播，控制传染源，切断传播途径，确保广大人民群众的生命安全和身体健康，延迟复工属于非常时期的非常之举。但企业停产、服务业休息，尤其对商店、餐厅、影院等服务行业来说，也就意味着运转停滞，收入为零，但同时还得承担缴纳房租、支付工资等费用，生存压力可想而知。因此在关键阶段，我们要两条线作战：一条线是抗击疫情，保障人民群众生命安全和身体健康，防止疫情进一步蔓延。另一条线是经济发展，竭尽全力推动经济高质量发展，尽最大可能降低疫情带来的不利影响。这两条线都很重要，互为支撑，缺一不可。

本次疫情目前受冲击最大的是在国民生产总值中占比很高的服务业，所以疫情平缓后，复工不是问题，如何提振受疫情影响萎缩了的消费市场才是问题，如何创造更大市场需求，满足企业产品销售需要才是我们要认真思考的。同样，如果制造业不能及时恢复生产，后续对第二产业的冲击也会很大，进而冲击整个产业发展。从企业个体来讲，部分企业的现金流最多维持两个月，西贝餐饮集团董事长2月1日发文称，若疫情无法有效控制，企业账上现金流撑不过3个月，势必引发一系列问题。整个社会就是一个系统生态链，我们必须像重视疫情一样，高度重视保护产业链和供应链，保护产业生态平衡，只有这样我们才能真正渡过难关。每次瘟疫都是经济结构大调整的起点，不要让这场疫情变为彻头彻尾的灾难，就必须在特殊时刻出台特殊政策，鼓励符合条件的企业尽快复工，尽量降低疫情对经济发展影响。这场疫情阻击战我们必须赢，经济保卫战也必须赢。

抓复工，抗疫经济齐发展。

针对不同地区应该有不同发展策略，疫情重灾区或者说处在疫情危急阶段的城市，疫情防控就是一切。疫情程度较轻的城市或者说疫情已过了最为严重的阶段，就要考虑如何恢复生产。很显然，社会不能停摆，复工复产迫在眉睫。

疫情防控关乎生命，复工复产关系发展。党中央也明确表态，要在做好防控工作前提下，全力支持和组织推动各类生产企业复工复产，加大金融支持力度，加大企业复产用工保障力度，帮助企业渡过难关。要抓好在建项目复工和新项目开工，要稳定居民消费，发展网络消费，扩大健康类消费。越是在关键时刻，越要注意做好保障和改善民生工作，特别是要高度关注就业问题，防止出现大规模裁员。

国家相关部委及各地纷纷出台实施措施通知、通告、细则、指导意见等，为复产复工提供政策指导。工信部印发《工业和信息化部关于应对新型冠状病毒肺炎疫情帮助中小企业复工复产共渡难关有关工作的通知》，明确出台20条措施，帮助广大中小企业坚定信心，强化措施，实现有序复工复产，财政部主要以财政拨款形式助力企业复工，各地也在交通运输、物流配送、错峰开工等多层级、多角度保障企业有序复工复产。

轻工业作为民生支撑与保障行业，与百姓日常生活息息相关。中国轻工业联合会会长张崇和要求各协会、学会和会员企业充分发挥轻工行业优势，既要切实做好春节后返程和复工复产后的疫情防控工作，确保人民群众生命安全和身体健康，又要切实采取有力有效的措施，科学安全、分批有序推进企业复工复产，持续推动经济社会稳步发展。中国轻工业联合会于2月 3日至12日，采取电话、网上问卷等形式，先后对塑料、照明、家用电器、酒业、家具、五金、洗涤、皮革、日用玻璃等22个轻工重点行业进行了调研。当前，生产抗疫产品和相关配套产品，以及部分保持社会生活正常运转的食品类企业等均已开工运营，其他大部分企业的复工复产均遇到了不同程度的困难和问题。除疫情防控要求外，推动全面复工复产还面临着返工人员不足、口罩等防疫物资短缺、产业链上下游不配套、交通物流不畅以及资金压力大等多方面问题。为了强化疫情防控，积极推进轻工行业企业有序复工复产，中轻联提出了具体建议：一是全力保障抗疫产品生产。此类企业要由中央部委牵头，按重点企业名单逐一帮助解决所遇困难，保障工业生产。二是支持日常生活必需品重点企业开工。对食品、饮料、乳品、卫生巾、尿不湿等日常生活必需品企业，由各地政府选择一批骨干企业，支持尽快复工复产。要建立政府主导、行业协同的重点企业复工保产工作机制。三是加强国家及各地政府层面的统筹协调，尽快恢复正常的国内物流及企业生产，保证全国范围内的生产物资有序流动和销售运输工作的全面展开，推动全产业体系有序恢复生产。在保证医疗用防疫资源的前提下，在国家有关部门统一协调下，为复工企业开辟口罩、酒精等防疫用品采购渠道，保证企业的复工生产。四是力保中小企业生存。由于部分中小企业所生产的产品非生活刚需，且规模小、实力弱，在当前复工进程中不被重视或受限制。而且由于未开工，资金支撑困难，这批企业面临生存危机。国家对此类企业要采取有效措施扶持。建议对中小企业的贷款利息暂停偿还；房租、税费暂缓征收，等企业复工达产后再逐步征收；给中小企业用工予以补贴，缓缴并进一步降低社保缴费率1~2个百分点。尤其是政府应从涵养税源的源头治理，支持中小企业保生存保就业。五是千方百计稳定国际市场。在当前困难时期，要对出口产品实行全额退税，对进出关口的费用全部减免。对企业到国外参加展会寻找订单的工作费用予以经费补贴。六是将恢复生产与支持产业创新升级相结合，推动行业高质量发展。政府应组织指导行业就传统产业改造升级做出规划，明确发展重点、实现路径、关键举措，并切实落实到位，支持行业高质量发展。

树信心，打赢疫情阻击战。

面对困难，我们要坚定信心，看到我国经济长期向好的基本面没有变，疫情的冲击只是短期的，不要被问题和困难吓倒。困难是暂时的，政府和民众一起担，企业和员工一起扛，没有蹚不过的河，没有跨不过的山。战胜疫情、发展经济、渡过难关，信心比黄金更重要。信心一方面来自以习近平同志为核心的党中央坚强领导，来自中国特色社会主义的制度优势，来自党中央国务院的运筹帷幄、决策部署，来自全国一盘棋，众志成城、万众一心的凝聚力。另一方面来源于企业自身的努力和应变。在重大灾难面前，企业既要开源节流、分析市场、寻找商机，更要善于化危为机，适应新形势新技术，做好产业链建设中数字化改造，努力在创新中打破僵局，建立新的商业模式，寻找新的商业机会，为企业发展带来新契机。

再大的疫情终将过去，再冷的寒冬也会结束。一种病毒或许可以带走一个人的肉体，但不能带走我们守望相助的心。一场疫情，可以让很多兄弟姐妹同事朋友被隔离，但永远隔不断的是我们之间的爱。风雨中凝聚着中华民族的力量，危机下彰显着炎黄子孙的勇气，只要我们心手相连，勠力同心，在以习近平同志为核心的党中央坚强领导下，中国人民一定会打赢这场疫情防控的阻击战，中国经济也一定能够迈入高质量发展新阶段。

（本文刊发在《消费日报》2020年2月19日第一版）

27 疫情防控不放手 脱贫攻坚不放松

2020年年初的这场新冠肺炎疫情发生以来，在以习近平同志为核心的党中央坚强领导下，各地各部门坚决贯彻执行党中央、国务院决策部署，同心同力、众志成城，经过艰苦卓绝的努力，疫情形势出现积极变化。据国家卫健委数据统计，2月18日0—24时，全国除湖北以外地区新增确诊病例56例，连续第15日呈下降趋势。虽然还不能说疫情拐点已经到来，但整体防控形势出现了积极变化。

分区分级实施疫情防控

近日中央出台的《关于科学防治精准施策分区分级做好新冠肺炎疫情防控工作的指导意见》要求，各地要制定差异化的县域防控和恢复经济社会秩序的措施。要以县（市、区、旗）为单位，依据人口、发病情况综合研判，科学划分疫情风险等级，明确分级分类的防控策略。

各地要根据当地疫情进展情况，科学谋划，精准施策。湖北省和武汉市要继续采取最严格的防控措施，坚决防止疫情扩散。北京市要继续做好防控工作，确保首都安全。而在疫情较轻地区，在统筹抓好疫情防控同时，坚决全面复工复产，保障经济发展。各级党委和政府要实事求是做好防控工作，对偏颇和极端做法要及时纠正，要实事求是，及时纠偏，不能简单地一关了之、一停了之，尽可能减少因疫情防控对群众生产生活和经济发展造成的不利影响。

2020年是全面建成小康社会目标实现之年，是全面打赢脱贫攻坚战收官之年，实现全面脱贫是党中央对全国人民作出的庄严承诺，今年的中央一号文件也将“坚决打赢脱贫攻坚战”作为首要任务加以突出。2019年年末，全国农村贫困人口551万人，比上年年末减少1109万人，下降66.8%，贫困发生率显著下降，脱贫形势良好。但突如其来的新冠肺炎疫情给各地脱贫攻坚工作带来了一定影响，完成脱贫攻坚任务将更加艰巨。

坚决打赢脱贫攻坚战

突如其来的新冠肺炎疫情给决战决胜脱贫攻坚带来了挑战。必须认真分析疫情对贫困地区实现脱贫目标的具体影响，在政策上向深度贫困地区倾斜、向受疫情影响大的领域倾斜，防止因疫致贫、因疫返贫。疫情是今年影响脱贫攻坚目标能否实现的最大因素，因此要提高工作的精准性，逐县、逐村、逐户提出克服疫情影响的具体办法，有针对性地解决好贫困群众外出务工、农畜产品积压、扶贫项目复工等难题。

第一，精准施策，有的放矢。坚决贯彻执行中央关于分区分级精准施策的决定部署，按照地区风险类别有序开展工作。低风险地区，要实施“外防输入”策略，全面恢复正常生产生活秩序。中风险地区，要实施“外防输入、内防扩散”策略，尽快有序恢复正常生产生活秩序。高风险地区，要实施“内防扩散、外防输出、严格管控”策略，根据疫情态势逐步恢复生产生活秩序。

对贫困地区，要开展生产生活物资的调配供应，深入贫困户了解他们的需求，对老年户和有孩子上学农户针对性提供食物和生活物资帮扶，对部分因务工困难可能造成返贫风险的非贫困户提供就业和本地生产经营支持。

第二，恢复交通，全面复工复产。当前低风险地区首要任务是保障道路畅通，保障人走出去，进得来。农资能进入，农产品能运出。严防出现“卖难”和“断供”，严防人员停滞不动，严防基层疫情防控把道路“一断了之”的简单粗暴做法。

尽快启动春耕备耕工作，很多事都可以延迟，唯独春耕备耕不能耽误。农时不等人，错过时节，影响重大。重点保障种子、农药、化肥、农膜、农机等农业生产物资供应，统筹安排，合理协调，农民可以分散开展春耕种植，有效避免传染。“手中有粮，心里不慌”，确保国家粮食安全，在科学抓好疫情防控的基础上，及时抓好备春耕生产，为夺取全年粮食丰收奠定基础。

第三，确保农产品供给，保障菜篮子安全。及时了解主要农产品供求信息，合理安排蔬菜、畜禽等重要农产品生产，做好“稳产保供”，保持正常生产秩序，确保“菜篮子”安全。疫情期间，养殖业受冲击较大，妥善解决好牲畜的出栏售卖问题，引导好农户的养殖信心。对企业合作社、农户提供禽畜种苗、饲料及资金方面的倾斜，对接好农户与企业或合作社的收购销售关系，建立重要物资供应的“绿色通道”，确保批发市场、城区物流配送畅通和商超、便利店、社区供应点及时补货，探索采用电子商务、网上交易等销售方式，开辟线上农产品“绿色通道”。

第四，有序返城、安排就业、增加收入。鼓励农民工有序返城务工，外出务工事关农民的收入，关系农民的生活，要做好农民工返城的防疫工作，合理安排返城返岗时间，避免盲目外出，这样既有利于各地企业复工复产用工，也有利于农民增加收入。

在保证防控安全的前提下，有条件恢复扶贫车间、当地基础设施施工企业等生产活动，支持本地就业，出台灵活减税、增贷措施，保障企业稳定运营。推动落实复工复产措施、强化复工复产要素保障，加强线上培训服务，提高农民工技能和水平。

第五，关注非贫困户，避免返贫。切实关注贫困地区的非贫困户因疫情影响生产、就业和经营性收入带来的脱贫再返贫问题。关注贫困线边缘农户、疫情严重地区、有劳动力、有经营能力农户的生产发展问题，根据实际困难提供针对性帮扶，避免其因疫情返贫，影响脱贫攻坚整体进程。

疫情虽有好转，绝对不可大意，仍要做好防控。发展经济是硬道理，全面脱贫攻坚是任务，更是党中央对全国人民的承诺，无论困难多大，都要克服去实现。疫情发生初期，抗击疫情，统一指挥，一切行动听中央，是讲政治讲大局。现在形势有所好转，按照中央最新指示精神，根据当地疫情变化，分区分级，科学施策，全面复工复产，坚决打赢脱贫攻坚总决战，更是责任、能力和担当。

（本文刊发在《消费日报》2020年2月24日第一版）

28 聚焦复工复产 迎接经济的春天

在党中央和全国人民的共同努力下，疫情形势近期有所好转。“在加强疫情防控的同时，努力保持生产生活平稳有序”。“各级党委和政府要继续为实现今年经济社会发展目标任务而努力”。近日召开的中央政治局常委会会议向市场传递了明确信号：在全力战“疫”同时，保障经济稳定运行。尤其对于疫情较轻的地区，要在坚持疫情防控不放手的同时，尽快地全面复工复产，尽好地恢复生活常态，全力推动经济发展，自然而然，复工复产成为社会和公众关注的焦点。

在当前形势下，各行各业深入贯彻习近平总书记重要讲话精神，深刻领会、坚决落实党中央关于“突出重点、统筹兼顾、分类指导、分区施策”要求，统筹推进疫情防控和经济社会发展，在“两手抓”中体现责任担当，在“两手硬”上展现能力作为，坚决打赢疫情防控的人民战争、总体战、阻击战，努力实现今年经济社会发展目标任务。而如何做好复工复产工作，已经成为各地面临的新考卷。

复工复产成焦点

连日来，全国各省市各行业陆续复工复产。为了在做好疫情防控基础上保证生产工作顺利开展，各地纷纷放大招、出实策帮助中小企业有序复工复产。

返岗路程要畅通。复工复产面临最大的问题就是人员的顺利返岗。企业急需员工返岗工作，开动生产线达产，而各地出于对疫情防控严格的角度，对人员流动的筛查力度和措施不减，一定程度上影响了返岗复工效率，甚至部分单位因复工延迟而使回流的员工利益受损。

员工情绪要安抚。在新冠肺炎疫情防治的关键时期，恰逢新春后企业员工第一波返程复工的高峰。从一些网民发布的微信、微博来看，返岗人员对企业的复工所持态度也有不同，生产型企业的办公地点多为人员较为密集的场所，是疫情防控的重点，很多人也非常关心复工后上班时防护方法和措施能否保证健康安全。

工作状态要调整。经过这一段时间较长的假期后，员工复工复产后的工作状态需要逐步调整，有人会表现出度过超长春节假期的后遗症，工作状态不佳，或存在对此前工作的疏远感，恢复正常效率的工作状态则需要一定的过渡期。

突发预案要做好。企业复产复工会对疫情防控带来新的挑战，工作中同事之间密切接触较多，导致人际传播的可能性或因共同暴露而感染的可能性大大增加。如果一旦发生疫情，周围的人被传染的可能性较大，不但对企业的营运产生影响，更会对员工及其家庭带来严重冲击，因此必须做好复工复产后应对危情突发的预案。

政策支持渡难关

针对目前企业复工复产所面临的方方面面问题和难点，需要企业与政府之间积极沟通，相互协调，措施落地，支持到位，在保障严格疫情防控的同时，切实保障企业的正常生产运行秩序。

在创造大的市场环境方面，国家市场监管总局、国家药监局、国家知识产权局日前联合发布“支持复工复产十条”，以解决企业复工复产中面临的实际问题，包括登记网上办理、实行告知承诺、建立行政许可应急绿色通道、延长行政许可期限、严查乱收费乱涨价等。

随着各地企业复工复产的持续展开，也相应进入了疫情防输入、防扩散的关键期，企业的疫情防控能力以及应对突发事件的能力也摆上了议事日程。应清醒看到疫情对推动经济发展带来的新影响和新挑战，广泛发动群众，依法依规支持企业有序复工复产，打击各种干扰企业运营的违法犯罪行为；层层落实责任制，各环节协同发力，强化监督执行，从立法、执法、司法各环节，建立疫情防控和恢复生产的法治保障环境，使“一手抓疫情防控、一手抓复工复产”的决策部署落到实处，落到明处。

各地经验可借鉴

坚决贯彻落实中央的决策部署，疫情较轻地区、经济发达地区以及民生必需行业，在抓好疫情防控的同时，努力推动全面复工复产，涌现出大量各有特色、卓有成效的方法和经验。比如，多地开通“复工复产务工人员专列”，助力外地务工人员尽快复岗返程，促进企业复工复产。全国首趟“复工复产务工人员专列”从贵阳发车，开行“点对点、一站式”直达务工返岗专列，最大限度避免疫情传播风险。

为尽力减少疫情对企业的影响，多地实施几方联动，提供资金支持，组织法律及志愿团队提供援助，帮助解决技术资源短缺及专业应急保障人员不足等难题。如山东德州市司法局成立公共法律服务团队助力企业复工复产；辽宁组织科技志愿者帮助企业复工复产，广泛调动全省科技资源，为企业提供应急保障、技术研发等方面支持；福建平潭发布20项金融服务措施，围绕加大信贷支持、降低融资成本、精准对接复工复产及春耕金融需求、积极发挥政策性贷款作用等方面，支持企业复工复产。

各地疫情进展程度不同，地方经济特色不同，采取的应对措施也是各有千秋。

浙江省财政厅印发《关于新冠肺炎疫情防控期间减免企业房租措施有关事项的通知》，宁波市发布了《关于做好全市新冠肺炎疫情防控期间企业用工服务保障工作的通知》，温州市医保局出台优化助企服务十条措施，助力企业复工复产，台州市企业可包机接省外员工返回岗位，财政会补贴1/3费用，诸暨市“三招”做好防控保供备足市民“菜篮子”等。

重庆市人力社保局出台制定中小企业援企稳岗具体政策，为中小企业减负。大渡口区出台政策支持中小企业，主要包括优化政务服务、减轻企业负担、加大资金支持、帮助稳定生产经营，帮助企业共渡难关。

北京市则不打无准备之仗，面向复工企事业单位及广大市民，定制公交车，线上预订车票后 5 个工作日内正式开行。这种以人为本的举措，复工防疫两不误。因为疫情期间已最大限度地停止了非必要出行，而企业复工通勤则是刚性需求，定制公交相当于企业班车，除了为企业解决实际问题之外，还可以把疫情密切接触者限制在一个公司内部，一旦发生感染也容易追踪。

山东济南市出台“硬核”措施，支持企业复工复产，包括食品生产经营许可证到期的，有效期可顺延至疫情解除。食品生产经营从业人员所持健康证明有效期届满，受疫情影响无法领取新证的，暂时视同有效，有效期截止到疫情解除后 30 日，等等。青岛市即墨区科技创新园在中小企业复工复产中“精准滴灌”，通过专人包干服务、问题集中会商研究等办法，协助企业做好疫情监测排查、复产协调服务、扶持补贴落实等工作。

安徽省“真金白银”支持企业复工复产。芜湖无为市严把工业企业复工复产“十道关”，把好复工复产报批关、把好健康上岗关、把好教育培训关、把好消毒防疫关、把好交通运输关、把好职工就餐关、把好集体活动关、把好疫情应急关、把好职工承诺关、把好安全生产关。

企业关怀送温暖

政府定政策出实招，企业也要切实呼应，积极认真施行各项措施，保障生产运营和员工安全。在企业日常运营中，应当公告推出防疫预案和倡议，避免、防止、解决群聚性感染问题，提前制订应对方案，并对员工定时输送关爱，缓解员工的心理不适。设置员工隔离区，在相关区域设置隔离房间，一旦发现员工体温过高，马上引导其至隔离区域暂时隔离，并由监督人员及时通知当地医院，并安排备班人员及时接替，保障生产运行正常。企业在近段时间对员工工作状态的调整问题，应给予一定重视，可采取适合自身工作性质的措施来解决此类问题。要加强公共场所和办公区域消毒通风，并按工作区域划分风险等级，以不低于卫健部门指导标准定时进行消毒，并在显著位置张贴标识。

在企业复工复产后，如有疫情突发时，必须坚持“四早”原则，第一时间响应，第一时间处置，最大限度降低疫情的影响，确保员工生命安全和身体健康。一旦接到疾控部门对员工确诊、疑似病例通报后，企业应对患者所在区域等工作生活场所进行封闭管理，并在政府疾控部门的指导下进行消毒处理。相关人员应主动配合政府疾控部门进行流行病学调查，迅速查清密切接触者和一般接触者，落实各项防控措施。

与此同时，企业应该要求员工个人加强防护，加强个人体温监测，佩戴口罩上岗，作业时戴口罩、手套。每日上下班前各测量一次体温。若发现发热咳嗽的情况，及时就医排查，最大限度杜绝疫情传染事件发生。

信心助力扬新帆

自新冠肺炎疫情发生以来，习近平总书记多次就疫情防控工作发表重要讲话、作出重要指示和批示，要求统筹推进经济社会发展各项任务，在全力以赴抓好疫情防控同时，统筹做好“六稳”工作，尽可能降低疫情对经济的影响，努力完成今年经济社会发展各项目标任务。习近平总书记的讲话，强信心，暖人心，聚民心。社会各界正在深入贯彻习近平总书记重要讲话精神，在前一阶段疫情防控取得积极成效基础上，鼓足干劲，再接再厉，全力做好疫情防控工作的同时，各地多措并举，助力企业复工复产，推动经济社会发展。

疫情寒冬，我们一起度过；春暖花开，我们一起迎接。面对当前复杂多变的经济形势，面对14亿人口的中国大市场，我们有理由相信，在党中央的坚强领导下，从中央到地方出台各种政策扶持中小企业复工复产，社会各界献计献策，为企业全面复工复产保了驾、护了航。急企业之所急，想企业之所想。一条条政策有干货、够硬核，一项项规定有指向、可执行，向市场、产业传递了强烈信号：政府和企业会风雨同舟、共克时艰。

再大的风雨都能扛，再陡的高坡都要上。新冠肺炎疫情对我国经济的影响是阶段性的、暂时性的，不会改变中国经济长期向好的基本面。面对新冠肺炎疫情这场大考，我们要树立信心、克服困难、接受考验，信心比黄金都重要，唯有始终保持积极健康的心态，凝心聚力、努力挑起这副重担，才能给疫情防控工作提供支撑。可以预期，全国大面积复工复产之后，中国经济的引擎必将继续带动世界经济繁荣发展。这正是疫情骤起形势艰，坚定信心勇向前，众志成城齐抗疫，复工复产扬新帆。

（本文刊发在《消费日报》2020年2月25日第一版）

29 疫情拐点尚未到 复工复产把"七关"

2020年2月23日，习近平总书记出席统筹推进新冠肺炎疫情防控和经济社会发展工作部署会议并发表重要讲话。在党中央集中统一领导下，经过各级党委、政府艰苦努力，全国人民风雨同舟、凝心聚力、顽强拼搏，疫情蔓延势头得到初步遏制，防控工作取得阶段性成效，全国新增确诊病例数和疑似病例数总体呈下降趋势，治愈出院人数较快增长，尤其是湖北以外省份新增病例大幅减少。与此同时，我们仍要清醒认识到，虽然疫情防控工作取得阶段性成效，但全国疫情发展拐点尚未到来，湖北省和武汉市防控形势依然严峻复杂。各地要根据疫情轻重程度有序安排本区域现阶段重点工作，在非疫情严重地区，一手抓疫情防控不放松，严防疫情反弹功亏一篑；一手抓经济社会发展不动摇，组织复工复产有序开展。

2月21日召开的中央政治局会议做出的冷静判断提醒我们，拐点尚未出现，扎堆聚集有危险。这几天网络媒体连续爆料：在四川广元利民广场，市民扎堆喝茶。一名视频拍摄者形容当时场面——"人山人海，全是脑壳"。江西赣州瑞金集市，人来人往，熙熙攘攘，甚为壮观，万一有个确诊患者，后果不堪设想。山东济南银座商城燕山店发现多起关联病例，该单位主体责任不落实，未按要求测量体温，一病例发病后竟然连续12天带病上班未被发现，每天违规召开晨会，造成人员密集，通风和隔离措施不到位，造成1例确诊，5人被传染，门店员工及家属现在大多被隔离观察，银座商城燕山店闭店。近期全国很多单位陆续复工，据不完全统计，复工后发生的聚集性疫情12起，共15人确诊，18人被传染，514人以上被隔离。在整体疫情形势出现积极变化之际，这些案例不得不引起高度重视。

在全国人民艰苦卓绝奋斗下，一个又一个家庭全体成员“宅在家就是做贡献”，一批又一批部队官兵、白衣天使驰援武汉，疫情形势出现积极变化，我们要珍惜，要呵护。近期有个别地方出现聚集性疫情，在很大程度上就是因为个别单位存在思想松懈、管理不严、工作不力。这两天又有少数人耐不住寂寞，开始毫无顾忌扎堆在一起喝茶、聚餐、聊天，这样的情形无疑让人捏一把汗。疫情当前，学会自我管理，再忍一忍，再坚持坚持，别因按捺不住逞一时之快，影响好不容易换来的疫情防控积极态势。倘若导致疫情反弹，那才是真正的因小失大。此次疫情带走了多少无辜百姓和医护人员的生命，造成多少个家庭支离破碎。为打赢这场防控阻击战，多少人不顾生命安危奔向“战场”一线，成为最可敬的逆行者，甚至为此献出了生命，我们应该为此肃然起敬，更应该管住我们的嘴，停下我们的腿，用我们的实际行动践行坚决打赢疫情防控阻击战的誓言。

伴随越来越多单位正在陆续复工复产，人员流动开始频繁，一手抓防控，一手抓有序复工复产，疫情防控进入一个新的关键阶段。各单位必须严格按要求有序复工复产。时刻牢记，疫情拐点尚未到，严格把好“七关”，确保安全生产。

（1）主体责任关：各单位要建立主体责任制。明确办公场所内各部门的具体职责，严格执行有关法律法规，对传染病预防、控制工作实行依法管理，按规定和所在区域以及行业要求，主动承担主体责任，成立疫情防控领导小组，及时处理、上报、协调与落实本单位疫情预防工作，做到责任到位、分工明确。

新冠肺炎疫情发生以来，中国轻工业联合会成立由党委书记、会长张崇和任组长的疫情防控工作领导小组，有效动员、引导行业企业、协会、学会及直属企事业单位投入疫情防控阻击战，并发布“告行业书”推动有序复工复产。目前轻工业生产防疫用品的企业运转良好，保障人民生活供给的单位开工率较高，重点大企业复工复产取得良好进展。中国轻工业联合会及各协会、学会发挥了组织引领、宣传鼓劲、生产协调和反映诉求的重要作用，为疫情防控和推动复工复产作出了积极贡献。

（2）入口检查关：各单位要把好入门关，筑牢疫情第一道防线。严格设置卡口进行出入管理。入口处配备保安或工作人员 24 小时轮流值守，对进入人员进行体温检测。实行出入登记制度，对外来访客应当如实登记姓名、来源地、联系方式等信息，出入人员须佩戴口罩，对有发热、干咳等症状者，要及时劝离，并告知其到就近医疗机构发热门诊就诊。加强车辆进出管理，进入时对车上所有人员测量体温，建立外来访客车辆登记制度。

（3）健康监测关：加强单位各类人员管理，强化员工健康监测制度。全面摸排员工近期信息，建立台账，掌握工作人员状况，实行每日健康监测制度，实行员工分级分类管理。返城后接受居家或集中隔离医学观察，主动接受社区健康管理。坚持“日报告”“零报告”制度，确保上岗从业人员身体健康。加强服务人员、安保人员、清洁人员防护。快递、送餐等外来人员将物品送至指定区域，无接触取件。工作人员一旦出现发热、干咳等症状，立即停止工作，并按照应急处置流程进行处理。

（4）通风消毒关：各单位要做好日常通风换气和清洁卫生工作。对接触较多的公用物品和部位进行预防性消毒，必要时对地面、墙壁等进行预防性消毒，保持办公区环境清洁。要敦促职工注意开窗通风，保持场所内空气流通。通风时优先打开窗户，采用自然通风。有条件的可以开启排风扇等抽气装置以加强室内空气流动。办公时须佩戴口罩，取消非必要的室内群众性活动。

（5）食堂餐饮关：食堂是单位防疫工作的重中之重。为避免交叉感染，鼓励分散就餐，错峰时间段就餐，如需在餐厅统一用餐，建议错位就餐、保持距离，餐具要一人一用一消毒，就餐人员做到餐前洗手。餐厅需配备标识清晰的垃圾收集专用设备，规范处理厨余垃圾，严格落实生活垃圾分类投放处理，做到日产日清，不得随意倾倒、丢弃生活垃圾。

（6）科普教育关：各单位要加强疫情科普知识宣传，做到科学防范、不恐慌。可以充分运用网络优势，在微信群将防控新冠病毒肺炎疫情相关知识、政府通知要求、内部通知要求等信息传达给每一位职工。多种途径、多种形式开展疫情防控知识宣传。提高广大员工防护意识和公共卫生水平，使大家正确认识新冠病毒肺炎疫情，既高度重视，了解科学防范措施，又避免无谓恐慌，保持积极乐观的良好工作状态。

（7）弹性工作时间关：根据当前的疫情形势，各单位要根据本行业特点，在做好疫情防控同时，有序开展复工复产。对职工上班路径、办公场所人员密度、分散办公的可行性等进行评估。在尽量不影响工作情况下，也可采取错峰时间上下班、移动网络办公和在单位定点办公相结合等多种形式，降低人员密集度，减少污染风险。

疫情拐点尚未到，这是中央基于当前疫情形势做出的精准判断，也是对我们及时又清醒的告诫。经济发展不放手，疫情防控不放松。行百里者半九十，我们必须严守疫情防控的各项措施，巩固、珍惜前一阶段胜利成果，坚决执行党中央国务院决策部署，科学防控，精准施策，有序推进复产复工。我们坚信：只要我们以大无畏的精神，严谨的态度，科学的手段，在以习近平同志为核心的党中央坚强领导下，在全国人民众志成城、风雨同舟、凝心聚力奋斗下，就一定能够尽快终结这场疫情，共同迎接全面复工复产、经济快速发展春天的到来。

（本文刊发在《消费日报》2020年2月26日第一版）

30 中央连开重磅会　共抗疫情稳发展

在以习近平同志为核心的党中央坚强领导下和全国医护人员以及全体人民群众的艰苦努力下，全国疫情防控形势终于出现积极向好的态势并正在拓展。在继续抓好疫情防控的基础上，各地区各部门相继出台很多政策，抓实、抓细、抓落地，有序开展复工复产，积极帮助企业尽可能减轻疫情影响渡过难关，经济社会发展正在逐步恢复常态。从中央连续召开的一系列重磅会议到各部委，各省、自治区、直辖市出台的政策以及各行各业动态数据显示，都在整合全社会力量共抗疫情，稳发展。

中央重磅会议让全国人民吃了定心丸

新冠肺炎疫情发生后，党中央高度重视，迅速作出部署，全面加强对疫情防控的集中统一领导。从1月底开始，中央连续多次召开中央政治局会议，让处在疫情恐慌中的百姓一次又一次感受到中央高层的关注和温暖，感受到习近平总书记的坚定和气魄。

2020年1月25日，中央政治局常委召开会议决定，党中央成立应对疫情工作领导小组，在中央政治局常务委员会领导下开展工作。党中央向湖北等疫情严重地区派出指导组，推动有关地方全面加强防控一线工作。

2月3日，习近平总书记主持召开中央政治局常委会议，听取中央应对新型冠状病毒感染肺炎疫情工作领导小组和有关部门关于疫情防控工作情况的汇报，研究下一步疫情防控工作。

2月12日，习近平总书记主持召开中央政治局常委会议，会议提出：突出重点、统筹兼顾，分类指导、分区施策。非疫情防控重点地区要以实行分区分级精准防控为抓手，统筹做好疫情防控和经济社会发展，要加快推动企业复工复产。

2月19日，中央政治局常委会再次开会，研究统筹做好疫情防控和经济社会发展工作。

2月21日，中央政治局召开会议，主题是研究部署统筹做好疫情防控和经济社会发展工作。

2月23日，习近平总书记出席统筹推进新冠肺炎疫情防控和经济社会发展工作部署会议，在这次全国史无前例的电视电话会议上发表重要讲话。

从1月25日到2月23日，30天内，中央政治局围绕疫情防控工作，连续6次召开会议。这样的密度和力度，充分体现了在坚决打赢疫情防控的人民战争、总体战、阻击战的过程中，党中央的集中统一领导，体现了习近平总书记对这场大战的亲自指挥、亲自部署。六次会议从疫情防控的单一主题，到提及复工复产问题，再到统筹推进疫情防控和经济社会发展工作所作部署，随着防疫工作的进展而变化，中央政策及时调整，步步推进。

尤其是2月23日召开的这次重磅会议，更是创造了多个第一：这是中国共产党历史上第一次召开规模如此大的电视电话会议，参会人数多达17万人，是历史之最；这是全国电视电话会议第一次设立如此多分会场的一次会议，全国每个县和部队的团级单位都有分会场；这是众多基层党员第一次直接听原声、见真人，毫无保留，直接亲耳现场聆听习近平总书记围绕疫情防控和经济社会发展发表重要讲话的一次会议。正是这一系列重磅级中央会议让全国人民对战胜疫情，统筹推动经济社会发展有了更大信心，吃了最大的一颗定心丸。

政策支持让寒冷中的中小企业感到了温暖

这次新冠肺炎疫情，是中华人民共和国成立以来在我国发生的传播速度最快、感染范围最广、防控难度最大的一次重大突发公共卫生事件。几乎全国各个行业，各个区域都受到了冲击，最高领导人说到此次疫情对经济社会发展的判断时也坦言，这次疫情不可避免会对经济社会造成较大冲击。但是综合来看，我国经济长期向好的基本面没有改变，疫情的冲击是短期的、总体上是可控的。越是在这个时候，越要用全面、辩证、长远的眼光看待我国发展，越要增强信心、坚定信心。党中央跟全国人民一起风雨同舟，共克时艰，整合全国力量在做好疫情防控同时，有序推进企业复工复产、推动生产生活步入常态、经济社会稳定发展。

国家发展改革委、工信部等相关部门在继续加强疫情防控的同时，分区分级有序推动企业复工复产，使人流、物流、资金流有序转动起来。推动重点物资生产企业上下游产业链的协同复产，在优先保障湖北一线急需物品供应的同时满足复工复产和社会公众的需要。

目前，国家发展发改委公布的数据显示，全国规模以上工业企业复工率逐步提高，浙江已超90%，江苏、山东、福建、辽宁、广东、江西等地已超70%。关系国计民生的重点领域企业正在加快复产。口罩企业产能利用率已达110%，全国粮食应急加工能力复产率超70%，煤矿产能恢复率达76%，铁路、民航、港口、水运均正常运营。

工信部统计数据显示，目前消毒杀菌用品生产企业复工率已超过

80%。84消毒液、免洗消毒液、医用酒精等主要消杀用品的产能和产量都能满足湖北一线乃至全国的急需。目前中小企业开工率接近30%。工信部将尽快推进分区分级精准复工复产，特别是切实协调解决中小企业在复工复产中遇到的实际困难，例如各生产要素的保障、原材料供应、防控物资保障，以及物流运输中出现的实际问题。

受疫情影响最大的行业是传统服务业和劳动密集型制造业，其中多数都是中小企业。财政部已对受疫情影响较大的行业调整了企业所得税政策，对公交运输等行业免征增值税。

在24日召开的国新办发布会上，多部门有关负责人表示，疫情的冲击是短期的、总体可控的。有序恢复生产生活秩序，强化“六稳”举措，加大政策调节力度，就能够实现今年经济社会发展目标任务。减负、稳岗、扩就业并举，全面强化稳就业举措，是推动经济社会平稳有序运行的关键。

行业行动显示中国经济依然前景可盼

在做好疫情防控同时，各行各业都在积极有序推动复工复产，通过各个行业动态数据的变化，可以综合研判复工复产进展，进而从复工数据和经济发展动态变化过程中寻找问题，做出判断，及时调整改变，助推中国经济社会发展尽快恢复常态稳定发展。

轻工行业：中国轻工业联合会坚决贯彻习近平总书记重要讲话精神，按照党中央国务院决策部署，以及国资委、发改委、工信部、民政部等有关部委要求，积极引导企业有序复工复产。目前组织洗涤、酿酒、饮料、乳品、焙烤、塑料、家电、五金、家具、皮革、文体、制笔、乐器、钟表、日化、照明、自行车、缝制、陶瓷、搪瓷、礼仪用品、工艺美术等20多个行业协会开展调研统计工作，指导、协调企业复工复产。截至2月23日共调研企业1083家，其中复工617家，复工率达57%，返岗人员207178人。目前，生产防疫用品企业、食品保障类企业、塑料耗材及农膜企业、家居健康产品生产企业及行业中的大企业、骨干企业复工率高，为抗击新冠疫情、保障民生供应、稳定经济运行积极贡献力量。

中轻联党委书记、会长张崇和高度重视复工复产统计工作，对各单位积极开展调研、反映企业诉求、为部委决策提供支撑的工作予以充分肯定和表扬，并要求各单位继续做好统计调研工作，及时向国务院办公厅报送复工复产情况及企业诉求，为中央领导决策提供参考，助力国家实现今年经济社会发展目标任务。

医疗卫生行业：疫情开始阶段的医用物资供应极度紧缺状况已经得到缓解。医护人员支援湖北行动还在进行中，各地仍在陆续向湖北派出医疗援助团队，医疗资源紧张情况较之前有所缓解，民用医疗防护用品如口罩等物品，供需紧张情况有所缓解。钟南山院士指出，从目前数据来看，湖北疫情逐步趋于好转，新增病例数绝对值在下降。前期抗疫的严格措施逐步见到成效，各地疫情较之前有所减少，随着各地逐步复工，各地也在采取措施防止复工复产导致疫情反弹。

从2月24日起，华中科技大学同济医学院附属协和医院、武汉大学人民医院和武汉市中心医院的互联网诊疗纳入武汉市医保系统。这意味着市民在家中就可以通过互联网进行线上诊疗，医保支付，通过线下药品配送到家。据了解，近期武汉市还将有更多医院开通互联网诊疗服务，并纳入医保支付范围。

交通运输行业：很多交通枢纽正在恢复通行，精准施策确保交通安全。为返岗复工提供通畅的道路保障依旧是全国交通工作的重点。在全国各地大范围开始企业复工的趋势下，多地已经开始撤销交通防疫检测点。疫情防控期间，为助力企业返岗复工，各省、自治区、直辖市均制定精准有效的措施保障返岗复工人员的安全。虽然现在全国疫情防控局面已经处在稳中向好的状态，但是在返岗复工的过程中，仍需要有关部门做好防疫工作，同时个人也要做好自我保护，把好疫情防控的最后一道关卡。

天津北辰区9个高速出口疫情防控检测点全部撤销，并对场地进行彻底的清理和消毒。海南高速公路全部恢复通行，各地设置在省干道上的防疫点也全部撤销。安徽巢湖市拆除23个公路卡点，并保留设置湖北车辆通行专用道。四川因疫情防控临时关闭的58处收费站已全部恢复正常运行通行，设置绿色通道919条，全省高速公路全面恢复正常交通秩序。

餐饮行业：饮食需求保障有力，餐饮行业有序复工。新冠肺炎疫情有了一定程度的改善，与物资的正常供应密不可分，尤其是与百姓食材相关的物资，为疫情防控免去后顾之忧。在复工复产动态方面，各餐饮门店正有序陆续开始营业，同时为了防疫需求，也采取了相关措施，保障客人安全。

在一线饮食保障方面，“送饭”成为佳话，正如哈尔滨爱心餐厅送饭给疫情防控人员。在食品物资援助方面，地方特色果蔬食品捐赠给疫区，如广西螺蛳粉抵达湖北十堰等。在抗疫助农护农方面，各平台助力农产品售卖环节，如山东寿光，网红直播卖菜，使农民的产品能够减少受疫情的影响，正常出售。在居民饮食保障方面，民众菜篮子得到守护，如深圳大鹏新区用统一封签来确保外卖配送安全，各个环节都得到了管控，使民众吃得放心。广州酒家14家门店恢复堂食，多家商场餐饮仍仅供应外卖。兰州拉面店单人单桌进行消毒，等等。为响应政府禁止群集性聚餐的号召，北京30余家老字号调整业务，将服务重点从堂食转向堂食加外送、网络外卖等多种形式。据悉，这些老字号推出的送餐服务均为免费，方便附近社区居民在家用餐，服务疫情防控工作，晋阳饭庄、南来顺、吐鲁番、致美斋等老字号餐厅纷纷推出“员工定制餐”，饮食行业陆续营业回暖。

“中华民族历史上经历过很多磨难，但从来没有被压垮过，而是愈挫愈勇，不断在磨难中成长、从磨难中奋起。”这是中国人发出的呐喊，是炎黄子孙的心声。我们坚信，在以习近平同志为核心的党中央坚强领导下，在这场历史性战“疫”中，伟大的中国人民一定能够取得最终的胜利。

这正是，华夏大地病毒传，炎黄子孙意志坚，多难兴邦共抗疫，春回大地谱新篇。

（本文刊发在《消费日报》2020年2月28日第一版）

31 抗疫硝烟未尽散 严防死守阻反弹

习近平总书记在2020年2月26日召开的中央政治局常委会上指出，当前全国疫情防控形势积极向好的态势正在拓展，经济社会发展加快恢复，同时湖北省和武汉市疫情形势依然复杂严峻，其他有关地区疫情反弹风险不可忽视。

思想上不能大意。

“其他有关地区疫情反弹风险不可忽视”提醒我们，疫情防控思想上绝对不能大意。越是在这个时候，越要加强正确引导，推动各方面切实把思想和行动统一到党中央决策部署上来，疫情防控这根弦不能松。各级党委和政府要统筹推进新冠肺炎疫情防控和经济社会发展工作，准确分析把握疫情和经济社会发展形势，紧紧抓住主要矛盾和矛盾的主要方面，确保打赢疫情防控人民战争、总体战、阻击战，努力实现决胜全面建成小康社会、决战脱贫攻坚目标任务。

疫情从根本上得到彻底控制，是一个缓慢的过程，不可能一蹴而就。在这个过程中，必须时刻倍加小心，容不得半点侥幸心理。任何疏忽大意都可能带来疫情反弹，让之前的努力化为灰烬，前功尽弃。因此“有关地区疫情反弹风险不可忽视”，这说明全国疫情防控形势积极向好态势正在拓展，在充分肯定成绩的同时，仍须作出清醒冷静判断。任何看到形势好转就开始想吃就吃、想聚就聚、想玩就去玩的思想绝对要不得。古人大意失荆州，这场战役如果大意，我们可能失去健康和生命，影响经济社会平稳发展。

视野上不能狭窄。

“其他有关地区疫情反弹风险不可忽视”提醒我们，疫情防控视野上绝对不能狭窄。在疫情防控上不要只看国内数字变化，必须放眼全球。最近几天有几个国家确诊新冠肺炎病例数增长较快，我国面临疫情聚集性风险和输入性风险同时明显增加的局面，防控形势依然复杂。

世卫组织于2020年2月26日称，中国境外新冠肺炎日新增病例数，已超过中国境内。韩国政府将疫情预警上调至最高级别“严重”，意大利派军队封锁了第一个暴发疫情的小镇，英国至少有11所学校宣布实行停课措施。数据显示，26日，巴西一名61岁男子成为南美洲第一位新冠肺炎确诊病人，韩国确诊病例比前一天增加284例，意大利、伊朗、日本确诊病例都以两位数增长。与此同时，近期入境人员有所增多，我们必须防止疫情输入。在国内形势开始好转之际，要充分看到国外疫情可能给国内带来的影响，尤其在入境人员增多情况下，要依法加强对入境人员的防疫管控，统一调度卫健委、海关、边检、公安等部门，在机场码头建立联防联控机制，采取多种措施确保国外疫情不要输入国内。

措施上不能放松。

“其他有关地区疫情反弹风险不可忽视”提醒我们，疫情防控措施上绝对不能放松。在目前的较好形势下，必须全面分析疫情反弹风险所在，事实证明，反弹随时可能发生。国家卫健委最新通报显示，2月26日，湖北以外的30个省（自治区、直辖市）和新疆生产建设兵团新增确诊病例24例，较前两日的个位数新增有明显回升，北京市新增

10例新冠肺炎确诊病例，均为确诊病例的密切接触者，是一起外省输入的单位聚集性疫情。面对数字的反弹，我们不必恐慌，要认识到疫情有所反复也正常，但是另一方面要意识到数据反弹也给我们提了个醒：新冠肺炎疫情彻底结束绝对不是一朝一夕的事情，我们遇到的挑战还很复杂，疫情防控措施上绝对不能放松。

随着复工复产推进和大量返程等，造成人员流动，疫情反弹风险依然很高，这一点我们必须有清醒认识，在防控措施上不能有任何松动，因为复工复产带来的人口流动，可能会造成外地病例输入和聚集性本地疫情扩散，疑似病例也在增加，同时尚有众多密切接触者正在接受医学观察等。因此如果现在就开始随意聚餐聚会，不戴口罩外出，测量体温、登记行程马马虎虎，都可能导致疫情卷土重来。因此在抓好复工复产，保障经济社会平稳发展的同时，疫情防控措施上绝对不能放松。必须根据当前疫情防控形势发展趋势，突出重点、统筹兼顾、分类指导、分区施策，坚持依法防控、科学防治、精准施策，加强重点人群、重点场所管控，着力抓实抓细各项措施，提高疫情防控的科学性、精准性和针对性，严防疫情反弹。

目标上不能动摇。

“有关地区疫情反弹风险不可忽视”提醒我们，疫情防控目标上不能动摇。疫情好转是过程，获取全胜才是疫情防控的坚定目标。只要还有疑似病例存在，疫情反弹的风险就会存在。只要确诊病例还在增加，疫情防控战争就不能轻言胜利。就像习近平总书记所言，我们必须打赢这场人民战争、总体战、防控战，在没有获取全胜之前，绝不轻言成功。

庚子年初论是非，一生能系几安危，莫道浮云终蔽日，严冬过尽春蓓蕾。目前，疫情防控形势积极向好的态势正在拓展，经济社会发展加快恢复，这样的成绩来之不易。“其他有关地区疫情反弹风险不可忽视”告诫我们绝对不能半途而废，必须克服麻痹思想、厌战情绪，打起精神，提高警惕，思想上不能大意，视野上不能狭窄，措施上不能放松，目标上更加坚定，凝心聚力，身心合一，为夺取抗疫最终胜利汇聚磅礴力量。

抗疫硝烟未尽散，严防死守阻反弹。革命尚未成功，同志仍须努力。

（本文刊发在《消费日报》2020年3月3日第一版）

32 做好疫情大考中“三农”这张试卷

近日，习近平总书记对全国春季农业生产工作作出重要指示，强调越是面对风险挑战，越要稳住农业，越要确保粮食和重要副食品安全。

受新冠肺炎疫情影响，今年的春耕不同以往，面临着更大挑战，春种一粒粟，秋收万颗子。疫情仍在，农时已来，抢抓春耕的号角已经吹响。要抓紧解决影响春耕备耕的突出问题，把农业基础打得更牢，把“三农”领域短板补得更实，组织好农资生产、流通、供应，确保春耕生产不误农时。把“三农”工作抓紧、抓实、抓细，严格落实各项举措，千方百计保障农业生产，做好疫情防控大考中“三农”这张试卷，为当前和今后一个时期统筹做好疫情防控与“三农”工作，实现决胜全面建成小康社会、决战脱贫攻坚的目标任务打下坚实基础。

为抢抓农时提供时间服务。

一年之计在于春。疫情防控，要跟时间赛跑；春耕生产，同样耽搁不起。抢农时，引导农户合理有序开展春播。眼下正是春耕备耕的黄金时期，要不失时机，在做好疫情防控同时，及时开展春耕生产。抓好粮食播种与生产的同时，注重抓好农产品的有效供给，加大对农业生产的政策扶持力度，指导农户科学选种、用种、播种，合理调整种植结构，保障粮食播种面积与产量稳步提升，为今年的丰收与农民增收打下坚实的基础。

为加强疫情防控，可以开展远程服务。邀请技术专家开展农业技术远程指导服务，安排专家利用网络直播坐诊，现场解答农业生产品种选用、土壤改良、病虫害防治、水肥管理等方面问题，为有需求的生产主体提供一对一实时在线服务，为农耕生产抢出宝贵时间。

为农资运输提供通道服务。

目前，正值春耕备播的关键时期，全国春耕生产由南向北陆续展开。要统筹抓好疫情防控就必须抓好种子、化肥、农药的供应。尤其是畅通物流渠道，确保生产资料能够进村入店，满足春耕生产的用种、用肥、用药的需求。

受疫情影响，农资运输受阻等问题不容忽视，为老百姓解决农资难等实际困难，就要促使农资生产企业加快复工复产，经营门店尽快开业，确保春耕的生产生活物资在运输过程中能享受“绿色通道”，解决农资到达乡村的“最后一公里”问题，有关部门抓紧做好协调工作，保证春耕物资运输顺畅，保证农资及时到达田间地头，交到农民的手中。另外，还应该将饲料、饲料原料、生猪纳入应急运输保障范围，同样开通“绿色通道”，解决疫情期间饲料运输不畅问题。搞好农机调配检修，组织好跨区作业，保障农机通行道路通畅，顺利上路下田，为春耕生产提供服务。

为春耕质量提供管理服务。

为夺取夏粮丰产丰收，就要切实提高耕种质量。各地农业生产部门应根据田间春耕管理需要，结合当地实际，强化技术指导服务，组织专家和农技推广人员根据农民需求提供有针对性的、切实可行的技术指导，确保春耕生产的各项技术措施行之有效、落实到位。要做好农田水利设施隐患排查工作，畅通农田灌溉渠道，保障农业生产用水需求。要做好农机生产调配工作，协调有关部门和企业，积极调配农机具，用于做好开沟、复土、整地等田管工作，加强机耕机播，加快播种进度，全力打好“抢春耕”生产攻坚战。

为农产品销售提供市场服务。

各地要落实国家通知要求，确保农产品质量上乘，价格稳定，销路通畅。要根据当前疫情形势和市场需求，创新产销对接形式，切实解决好产销衔接问题，积极开展市场指导和产销对接工作，指导生产企业、专业合作社和农户做好销售计划，特别是协助做好线上线下流通、物流运输渠道联系对接工作，确保产销两旺。

围绕农产品销售市场，可以重点做好“四个对接”。一是与网络对接。利用信息进村入户平台及时发布供求信息，搭建农产品销售微信群，组织大型商超、农贸市场、批发市场等在线上开展供求对接，有效解决疫情期间农产品产销信息不对称问题。利用微信群、App等接受客户网上下单采购农产品，线下“无接触”配送。二是与超市对接。积极组织大型商超与生产基地、批发市场等开展对接，减少农产品流通环节、降低流通成本，确保大型商超农产品供应充足、价格稳定。三是与社区对接。开展社区直销，在社区设立直销点，平价销售农产品，保障疫情期间居民生活需求。实行定点采购、集中供应、统一配送，打通流通瓶颈，切实解决入户难的问题。四是与农贸市场对接。对防疫措施达标的农贸市场，鼓励引导农产品生产基地、农产品生产大户入驻设点，方便市民就近采购。最大限度做好疫情防控，确保农产品在保质期内不积压、运得走、供得上。

为农业防灾提供技术服务。

2020年，不仅新冠肺炎疫情防控压力很大，动植物疫病防控压力一样巨大。农作物病虫害是我国的农业灾害之一，具有种类多、影响大、时常暴发等特点，其发生范围之大和严重程度对我国农业生产造成非常大的影响。针对危害农作物生产的各种病虫害，如小麦赤霉病、小麦蚜虫、水稻纹枯病、玉米螟、玉米大斑病、马铃薯晚疫病、棉铃虫等，要及早准备好药剂药械，开展统防统治和联防联控，坚决遏制暴发成灾。畜牧业要毫不松懈抓好非洲猪瘟、高致病性禽流感等动物疫病防控工作，进一步加强动物检疫和畜禽屠宰场的监督管理。提前制订防灾减灾预案，加强农产品质量监测监管，推进标准化生产，保障农产品既要数量充足，又要质量安全。

为农民就业提供对接服务。

外出打工收入是农民重要收入来源，要统筹安排好低风险地区农民外出务工服务。在疫情低风险地区，要按照中央的要求，做好劳务输出地和输入地精准对接、精准施策，全面恢复生产生活秩序。做到疫情防控与农民工就业“两不误”，采取“点对点”对接，“包车”输送等方式。劳务输出地还要加强与劳务输入地人社部门、企业的联系，强化三方协同合作，共同做好农民工外出就业的健康监测、疫情防控和交通保障。让农民工有序返岗，既为企业复工注入“强心剂”，也能增加农民外出务工收入，改善农民生活。

人误地一时，地误人一年。在当前形势下，各地各部门要坚定不移把“三农”工作摆到重中之重，统筹抓好决胜全面建成小康社会、决战脱贫攻坚的重点任务，做到疫情防控和农业生产“两不误”，保障春季农业生产正常有序进行，全力打好防疫情、保春耕，夺取关键之年农业丰收的攻坚战。疫情是危机，也是大考，我们力争在今年这个特殊年份，在疫情大考中交出一份满意的“三农”答卷。

（本文刊发在《消费日报》2020年3月4日第一版）

33 疫情防控勿忘脱贫攻坚重任

当前，统筹推进新冠肺炎疫情防控和经济社会发展工作正在全国深入展开。一方面，众志成城，防控疫情取得阶段性战绩，复工复产正全方位有序推进，经济社会生活逐渐恢复常态，开始展现活力；另一方面，上下一心，脱贫攻坚传来喜讯：2019年精准扶贫工作成效突出。国家统计局公报显示，2019 年年末，农村贫困人口551 万人，比上年年末减少 1109 万人；贫困发生率 0.6%，比上年下降 1.1 个百分点，脱贫攻坚工作成效斐然。

2020年是全面建成小康社会目标实现之年，是全面打赢脱贫攻坚战收官之年，实现全面脱贫是党中央对全国人民作出的庄严承诺，今年的中央一号文件也将“坚决打赢脱贫攻坚战”作为首要任务加以突出。然而，突如其来的新冠肺炎疫情给各地脱贫攻坚工作带来了一定影响，使完成全年脱贫攻坚任务变得更加艰巨。

2月23日，习近平总书记在统筹推进新冠肺炎疫情防控和经济社会发展工作部署会议上发表重要讲话，明确要求坚决完成脱贫攻坚任务。习近平总书记强调，今年脱贫攻坚要全面收官，原本就有不少硬仗要打，现在还要努力克服疫情的影响，必须再加把劲，狠抓脱贫攻坚工作落实。劳务输出地和输入地要精准对接，帮助贫困劳动力有序返岗，支持扶贫龙头企业、扶贫车间尽快复工，吸纳当地就业。要组织好产销对接，抓紧解决好贫困地区农畜产品难卖的问题。要加快建立健全防止返贫机制，对因疫情或其他原因返贫致贫的，要及时落实帮扶措施，确保基本生活不受影响。

努力克服疫情影响，打好脱贫攻坚硬仗，就是既要抓好严防严控疫情，又要有力促进贫困地区经济可持续发展。就要认真贯彻落实习近平总书记关于扶贫工作的重要论述，认真贯彻落实党中央、国务院的决策部署，抗疫复工两不误，脱贫攻坚不放手，工作抓紧抓实抓细，全力推进扶贫、脱贫各项计划措施，确保所有贫困人口如期脱贫，攻坚克难，使命必达，疫情防控特殊时期，勿忘脱贫攻坚重任，各地要遵照习近平总书记的要求，科学统筹，真抓实干，夺取疫情防控和脱贫攻坚双胜利。

客观分析疫情对扶贫工作影响。

分析当前脱贫攻坚面临的新形势，既要看到疫情所造成的冲击，也要看到疫情形势出现的积极变化，要清醒地看到，这次新冠肺炎疫情对农村经济、对全面实现脱贫攻坚任务的影响主要体现在五个方面。

（1）农业产业方面。产业扶贫是各地脱贫攻坚的主要抓手，疫情导致的农产品滞销和农产品价格下降问题，在贫困地区非常突出。疫情对养殖业影响显著，尤其是屠宰和销售，养殖企业人员不能及时返厂复工，仔苗交易、牲畜交易、饲料交易无法及时有效运行。种苗、饲料等生产性物资供应不足和价格上涨，增加了农户的养殖成本，屠宰市场停工，影响了牲畜屠宰。在农产品需求侧，消费恐慌心理直接影响农产品市场需求端的平衡，造成了局部地区结构性短缺。在供给侧，农产品主产区因交通运输限制，物流不畅，农产品无法运出，销售困难。

（2）农民收入方面。不少贫困地区脱贫的重要手段，是协助贫困户外出务工，增加打工收入，但疫情对外出务工的影响很大，阻断了很大一部分贫困户创收的来源。非农收入受损是一个方面：农民务工收入在农民增收中的作用举足轻重，疫情影响外出，对以外出务工为主要收入来源的农民造成很大影响。农业收入受损是另一个方面：无论是对种植户，还是畜禽养殖户，或者休闲农业经营户，疫情都对他们的生产经营活动带来障碍，对农户收入造成了很大影响。

（3）农时生产方面。一年之计在于春，今年的春耕备耕生产受到的影响显而易见。一是部分农资企业的复工复产遇到许多困难，影响了农资的供给；二是种子、化肥、农药等农资供应运销“最后一公里”受阻，难以进店进村；三是正常的农事活动受到了影响，个别地方农村防疫搞“一刀切”，封村堵路，禁止农民出门下田，农事活动没法正常开展。春耕农时不等人，疫情对农户春耕春播带来较大影响，持续拖延势必产生不良后果。

（4）第三产业方面。新型冠状病毒肺炎疫情对我国的休闲农业、乡村旅游、农业社会化服务等第三产业造成了很大影响。城市周边乡村地区的休闲、观光、体验农业以及特色农业地区的乡村旅游、民宿经济等基本歇业、停业，对第三产业影响巨大。

（5）其他方面。因为农业产业、农民收入、农时生产带来的负面影响，可能引起一系列连锁效应，如农民就业、农业产业链条中断以及农村治安，甚至农村稳定等种种社会问题。

上下齐心坚决打赢脱贫攻坚战。

新冠肺炎疫情给决战决胜脱贫攻坚带来了挑战和压力。但是，脱贫攻坚目标不能变，各项工作不能等，当前情况下，有条件的地方须抓紧推进，没有条件的地方也要转变方式及时推进，上下齐心，坚决打赢脱贫攻坚这场硬仗。

要查漏洞补缺口，一体推进脱贫攻坚工作。针对贫困群众外出务工难、产品运输销售难、扶贫项目开工复工难等情况，要及时实施消费扶贫专项行动，进一步做好就业扶贫、产业扶贫，优先解决脱贫攻坚中的突出问题。

要统筹各类资源，一体推进，缓解难题。强化支持帮扶，加快推进扶贫项目实施，确保贫困村全部退出、贫困人口全部脱贫。要化解、降低疫情对脱贫攻坚的不利影响，认真分析疫情对贫困地区实现脱贫目标的具体影响，在政策上向深度贫困地区倾斜、向受疫情影响大的领域和人口倾斜，防止因疫致贫、因疫返贫。疫情是今年影响脱贫攻坚目标能否实现的最大因素，必须提高工作的精准性，逐县逐村逐户提出克服疫情影响的具体办法，有针对性地解决好贫困群众外出务工、农畜产品积压、扶贫项目复工等难题。当前，全国疫情防控形势积极向好，我们要努力克服疫情对脱贫攻坚的影响，狠抓脱贫攻坚工作落实。思想不放松，措施不松懈，干劲要更足。

一是精准施策，有的放矢。坚决贯彻执行中央关于分区分级精准施策的决定部署，按照地区风险类别有序开展扶贫工作。要摸清情况，因地制宜，有的放矢。要抓住重点，转变工作方式，分类施策，精准帮扶。对贫困地区，要开展生产生活物资的调配供应，深入贫困户了解他们的需求，对老年户和有孩子上学的农户提供针对性食物和生活物资帮扶，对部分因务工困难可能造成返贫风险的非贫困户提供就业和本地生产经营支持。

二是切实抓好贫困人口的有序返城、外出务工问题，增加贫困人员、贫困家庭的收入。鼓励贫困人口有序返城务工，要做好农民工返城的防疫工作，合理安排返城返岗时间，避免盲目外出，既有利于各地企业复工复产用工，也有利于农民增加收入。国务院扶贫办的统计显示，现在打工的收入在贫困地区农民的收入里头占到1/3，是主要的来源之一。要全面摸清当前贫困劳动力外出务工意愿，抓住当前重大项目建设和企业复工复产的时机，优先安排贫困劳动力务工就业。

三是在全面复工复产中真正把产业扶贫落在实处。农业是第一产业，“手中有粮，心里不慌”，确保国家粮食安全，在科学抓好疫情防控的基础上，及时抓好春耕生产，为夺取全年粮食丰收奠定基础。

尽快启动春耕备耕工作，很多事都可以延迟，唯独春耕备耕不能耽误。农时不等人，错过时节，后悔莫及。尤其围绕贫困户需要的生产资料，加大农资供应力度，重点保障种子、农药、化肥、农膜、农机等农业生产物资供应，统筹安排，合理协调，农民可以分散开展春耕种植，有效避免传染。低风险地区要保障道路畅通，保障人走出去，进得来。农资能进入，农产品能运出。严防出现“卖难”和“断供”，严防人员停滞不动，严防基层疫情防控把道路“一断了之”的简单粗暴做法。

四是确保农产品供给，保障“菜篮子”安全。及时了解主要农产品供求信息，合理安排蔬菜、畜禽等重要农产品生产，做好“稳产保供”，保持正常生产秩序，确保“菜篮子”安全。疫情期间，养殖业受冲击较大，妥善解决好牲畜的出栏售卖问题，引导好农户的养殖信心。对企业合作社、农户提供禽畜种苗、饲料及资金方面的倾斜，对接好农户与企业或合作社的收购销售关系，建立重要物资供应的“绿色通道”，确保批发市场、城区物流配送畅通和商超、便利店、社区供应点及时补货，探索采用电子商务、网上交易等销售方式，开辟线上农产品“绿色通道”。

五是积极开展消费扶贫行动，解决贫困地区农产品滞销积压等问题。可以借助互联网推进消费扶贫工作，利用信息化手段加快加大消费扶贫，线上依托电商平台，线下拓宽销售渠道，多措并举帮助贫困户解决好农产品销售难题，稳定贫困户脱贫成果。

六是对于留在当地的贫困户，也要尽快恢复扶贫车间的生产，就近就业。在保证防控安全的前提下，尽快恢复扶贫车间、当地基础设施施工企业等生产活动，支持本地就业，出台灵活减税增贷措施，保障企业稳定运营。在推动落实复工复产措施、强化复工复产要素保障同时，加强线上培训服务，提高农民工技能和水平。

七是关注非贫困户，避免因疫再返贫。切实关注贫困地区的非贫困户因疫情影响生产、就业和经营性收入带来的脱贫再返贫问题。关注贫困线边缘农户、疫情严重地区、有劳动力、有经营能力农户的生产发展问题，根据实际困难提供针对性帮扶，避免其因疫情返贫，影响脱贫攻坚整体进程。

防控疫情和复工复产不能耽误，高质量发展和脱贫攻坚更不可松懈。发展经济是根本保障，脱贫攻坚是任务更是党中央对全国人民的承诺，无论困难多大，都要克服。阻击疫情，统一指挥，一切行动听中央，是讲政治讲大局；现在，疫情形势积极向好，按照中央最新精神要求，根据当地实际，分区分级，科学施策，复工复产，坚定目标，积极投身打赢脱贫攻坚总决战，完成脱贫攻坚重任，为全面建成小康社会作出更大贡献，更是责任、能力和担当。

（本文刊发在《消费日报》2020年3月9日第一版）

34 防控慎终如始　警惕境外疫情倒灌

2020年3月4日，习近平总书记主持召开中央政治局常委会议，对当前疫情防控形势作出最新判断：经过全国上下艰苦努力，当前已初步呈现疫情防控形势持续向好、生产生活秩序加快恢复的态势。

疫情防控慎终如始。

这次会议对下一步工作提出重要要求，必须深入贯彻落实统筹推进疫情防控和经济社会发展工作部署会议精神，加快建立同疫情防控相适应的经济社会运行秩序，完善相关举措，巩固和拓展这一来之不易的良好势头，力争全国经济社会发展早日全面步入正常轨道，为实现决胜全面建成小康社会、决战脱贫攻坚目标任务创造条件。

对比几天前的会议，本次会议在疫情防控和推动经济社会发展两方面，都体现了更加重视的态度——“加强疫情防控必须慎终如始”“要抓紧推进经济社会发展各项工作”。基于“湖北和武汉疫情防控任务依然艰巨繁重，其他地区人员流动和聚集增加带来的疫情传播风险在加大”，习近平总书记强调了两个“不能降低”，对疫情的警惕性不能降低，防控要求不能降低。会议要求各地都不能放松警惕，低风险县域也要防止疫情形势出现反弹，在此基础上抓紧统筹推进经济社会发展工作。

警惕境外疫情变化。

近日来，境外疫情也在持续发展中，浙江、广东、北京等地陆续出现境外输入病例，防控工作出现了新的风险点。据世卫组织新冠肺炎疫情报告，境外多国新冠肺炎确诊病例数继续攀升，截至北京时间3月5日17时，中国境外共85个国家及地区确诊新冠肺炎14768例。与前一日相比，中国境外新增新冠肺炎2098例。国家卫健委统计数据显示，3月5日0—24时，新增报告境外输入确诊病例16例（甘肃11例，北京4例，上海1例）。截至3月5日24时，累计报告境外输入确诊病例36例。

3月4日下午，北京市委常委会在第一时间召开会议，贯彻落实中央政治局常委会的最新要求并提出，“当前疫情防控形势逐步向好，但与之形成鲜明反差的是境外疫情呈现加速扩散之势，境外输入已成为摆在我们面前的突出威胁。首都疫情防控工作必须慎终如始、如履薄冰”。对此，我们要提高警惕，严防疫情倒灌，与各国携手一起打赢这场全人类的共同战役。

关注境外疫情倒灌。

随着国内疫情形势的好转，中国民众的防范意识略有降低，国内一些景区、娱乐场所、餐厅饭店等都在逐渐开放，多地将应急响应级别由一级响应调整为二级或三级响应，这也让很多居民觉得似乎疫情已经结束了，路上不戴口罩的人渐渐也出现了，但是全球的疫情形势还是非常严峻的，如果不加防范，对国内刚刚好转的疫情形势势必造成巨大影响。因此，现在国内民众更多地把视野和舆论注意力转移到境外疫情输入上。

一是开始关注境外疫情输入。目前，境外多地出现疫情，国内应对此提高入境标准，防止疫情反复，避免让所有人之前的努力付之一炬，保护好来之不易的抗疫成果。

二是开始关注对所有入境人员进行隔离观察，对入境人员应该集中观察并适当延长隔离时间，对随行密切接触者同样进行集中隔离观察。

三是开始关注国内相关防控工作流程化。很多人认为我国目前对境外输入病例采取的措施可圈可点，对病毒有了较多的了解，防疫工作井然有序、有条不紊，对部分高危地区入境者要中外一视同仁，落地隔离，集中观察 14 天再放行，随时保持高度警惕性。

四是开始关注防止因疫情防控减少国际交流，导致政治关系僵化。疫情之下，国内外部分友好交流遭到破坏，呼吁各个国家采用较为人性化的措施，保持正常的国际交流和合作。

多措并举严防输入。

在国内疫情形势逐步好转的时候，一定要高度警惕和防范境外疫情“倒灌”风险，统筹推进疫情防控和对外开放合作。3月3日，在北京市新冠疫情防控工作新闻发布会上，北京市政府副秘书长陈蓓表示，近期新冠肺炎疫情在境外呈现扩散态势，部分国家疫情发展很快，根据境外疫情变化对前期政策作出调整，凡是从韩国、意大利、伊朗、日本等疫情严重国家经北京口岸入境的，如果是中转去外地的，严格按当地规定做好防疫工作；如果目的地是北京的，不论是中国人，还是外国人，都要实行隔离观察。在北京有固定居所的，纳入社区防控体系，居家隔离观察14天；在京无固定居所的，安排在指定宾馆集中医学观察14天；对外交人员，体温检测合格的，按照有关外交人员管理办法执行。

根据现在的情况，完全禁止入境似乎也不太现实，但是根据各国疫情的情况，调整入境政策还是有必要的。

（1）强化措施，严格入境管控措施。鉴于北京的特殊地位，要严防境外疫情输入北京，应该强化出入境窗口和通关现场防疫抗疫措施，可制定分区分级差异化疫情防控措施，综合所在国或所在地的疫情形势、航班运行特点等多个指标，区分航班运行风险，实施差异化管理，做到精准防控、精细施策，有效防范疫情通过出入境活动传播。

（2）严把国门，及时掌握外国的防疫动态。针对首都机场等重要交通枢纽地应积极采取分时段、分类型等措施，降低人群密度，严防疫情传播，全面做好入境人员信息通报、身份登记、健康检测、应急处置等工作。对有发热、干咳等症状的，立即采取相应措施。

（3）一视同仁，实行集中隔离等防控手段。对入境人员建议无差别地执行相应措施，对从韩国、意大利、伊朗、日本等疫情严重地区来中国的入境人员，包括外籍人员和中方人员，实行集中隔离或留观，14 天后解除集中隔离观察。检验检疫后，对无须采取措施的人员，由各地安排专门车辆、“点对点”接送至目的地。

（4）平等待遇，严格防控与人文关怀并重。由于我国部分地区已经宣布所有从疫情国家入境的人员，都必须隔离观察 14 天，而在此期间产生的费用可以出于人道主义考虑，在待遇平等的前提下，应充分照顾当事人的合理关切，为他们提供必要的保障和人文关怀。

此次疫情是大家都不想看到却又不得不面对的，这场灾难是全人类的灾难。中国的疫情防控不仅直接关系中国的前途命运，而且关乎人类共同的未来。大难面前，应该有大爱之心，在这关乎人类命运的特殊时刻，全世界人民应该共同守望相助，一起迎接挑战，以更博大的胸怀、更高的站位、更宽的视野、更团结的力量，在战胜新冠肺炎疫情这场无硝烟的战争中赢得全世界各国人民的终极胜利。

（本文刊发在《消费日报》2020年3月10日第一版）

35 抗“疫”大考见证中国力量

2020年3月10日，习近平总书记在赴湖北省武汉市考察疫情防控工作时强调，湖北是这次疫情防控斗争的重中之重和决胜之地。经过艰苦努力，湖北和武汉疫情防控形势发生积极向好变化，取得阶段性重要成果，但疫情防控任务依然艰巨繁重。越是在这个时候，越是要保持头脑清醒，越是要慎终如始，越是要再接再厉、善作善成，继续把疫情防控作为当前头等大事和最重要的工作，不麻痹、不厌战、不松劲，毫不放松抓紧抓实抓细各项防控工作，坚决打赢湖北保卫战、武汉保卫战。在3月12日下午举行的国务院联防联控机制发布会上，国家卫健委新闻发言人、宣传司副司长米锋表示，总体上，我国本轮疫情高峰已经过去，新增发病数在持续下降，疫情总体保持在较低水平。世界卫生组织总干事谭德塞认为，中国近期新冠肺炎病例下降趋势明显，疫情局势实现逆转。中国的抗“疫”措施取得明显成效，值得借鉴。

在取得阶段性成果的这场抗“疫”大考中，充分表现了中国的制度优势，见证了世界上独一无二的中国力量。习近平总书记从大年初一亲自召开会议对疫情防控作出部署，到现在全国的抗“疫”取得阶段性成果，形势基本稳定。这是一场惊心动魄的人民战争，这是一场全民动员、全民参战的伟大战役，这是一场凝心聚力、众志成城的举国大考。这场危及全人类的疫情大考，中国率先进入交卷倒计时，这场大考，体现了中国制度的优越性和强大的政治领导力、政策感召力和政令执行力，彰显了中国特色社会主义的制度优势和中国人民的智慧和力量。

中国共产党的强大政治领导力

中国共产党的领导是中国特色社会主义最本质的特征。坚持中国共产党这一坚强领导核心，是中华民族的命运所系，是中国特色社会主义制度的最大优势。中国革命、建设、改革之所以能取得成功，一条根本经验就是坚持党的集中统一领导，充分发挥中国共产党的政治领导力。面对突然而至的新冠肺炎疫情，以习近平同志为核心的党中央勇敢扛起领导指挥的历史重任，在历史危急关头，成为全国人民的主心骨、定盘星，保证了抗“疫”斗争始终沿着正确方向前进。

习近平总书记更是亲自部署、亲自指挥，第一时间了解疫情，第一时间作出决策部署，带领全国人民有序开展抗“疫”斗争。在中国共产党的坚强领导下，在全国人民的共同奋斗下，使湖北重灾区疫情得到控制，全国疫情看到胜利曙光。中央一声令下，全国一盘棋，大家“宅在家不添乱就是做贡献”，同时确保物资供给充足，不停电、不停水、不停网，居民生活有保障。中央有决策，上下能贯通，令行禁止，执行力可以直接从中央下沉到千万个乡村、社区。上百场马拉松被取消，各种大型聚会被停止，央视元宵晚会现场史无前例空无一人，但暖心的话却令人热泪涟涟，感慨万千。

历史证明了中国共产党的政治路线正确、前进方向准确，大家相信党，愿意跟随党，听党的话，跟党走，这是核心要义。疫情防控取得阶段性成果，但还不能大意，不能放松，广大党员干部要进一步增强“四个意识”、坚定“四个自信”、做到“两个维护”，加强统一领导、统一行动，进一步严明政治纪律和政治规矩，增强大局意识和全局观念，做到令行禁止，坚定不移把党中央各项决策部署抓实抓细抓落地，以高度的政治责任感和历史使命感，以“不获全胜、决不收兵”的信心和决心，集中精力、一鼓作气，夺取抗疫战争的最终胜利。在疫情面前，以习近平同志为核心的党中央展现出坚定的政治决心，出色的领导能力，充分彰显了中国共产党的强大政治领导力。

一切依靠人民群众、一切为了人民利益的政策感召力

自疫情发生以来，习近平总书记高度重视，作出一系列重要指示，多次强调要“坚持以人民为中心思想”“始终把人民群众的生命安全和身体健康放在第一位”“紧紧依靠人民群众”“广泛发动和依靠群众，同心同德、众志成城，坚决打赢疫情防控的人民战争”等。这些重要讲话、重要指示精神反映了我们党依靠人民战胜疫情的战略决策和始终坚持走群众路线的优良传统，彰显了中国共产党坚持以人民为中心的根本立场和价值追求。依靠人民群众，相信人民群众，从根本上赢得了全体人民群众的心理认同和支持，调动了全体人民群众抗击疫情的热情和激情，也真正实现了大家的事大家办，全民动员、全民参与，全民出力。一切为了人民根本利益的举措赢得了全国人民的心。坚持人民主体思想，充分发挥人民群众在国家治理现代化中的显著优势，是我们打赢这场疫情防控人民战争、总体战、阻击战的重要保障。

关注和保障民生问题一直是抗“疫”的主基调。在救援物资配置上，“重点抓好防治力量的区域统筹，坚决把救治资源和防护资源集中到抗击疫情第一线，优先满足一线医护人员和救治病人需要”；在医护人员的安全保护上，“务必高度重视对医务人员的保护、关心、爱护，从各个方面提供支持保障”；在医疗救助上，“提高收治率和治愈率，降低感染率和病死率”；在人民群众生活保障上，“落实‘菜篮子’

市长负责制，积极组织蔬菜等副食品生产，加强物资调配和市场供应，采取措施保证运送生活必需品的车辆顺利通行”；在保障人民群众的监督权上，“做好宣传教育和舆论引导工作，让群众更多知道党和政府正在做什么，还要做什么，对坚定全社会信心、战胜疫情至为关键”。没有全民的广泛参与，没有全民的全力支持，很多事情无法完成。百姓相信政府，放心地把问题交给政府来解决，并积极支持配合政府的决定。我们的政府时时想着人民，对病人应收尽收，免费治疗，不计成本不计得失，1000多万人口的武汉，3天内完成排查，14亿人口全部配合国家行动，自动在家隔离，迅速遏制了疫情在全国蔓延的势头。在同胞危难时刻，成千上万名的医护工作者可以为了他人的生命健康，逆向而行，涌向武汉一线，支援湖北、支援武汉。身穿防护服、戴着口罩、护目镜，几乎人人一个模样，无法分辨谁是谁，但都明白他们就是这个世界上最美丽的白衣天使，他们勾画了抗“疫”考场最亮丽的一道风景。一声号召，人人懂得：保护自己，就是保护他人，不出门不聚会，用坚守在家和移动网络办公为抗击疫情做贡献。更令人感动的是，在疫情防控的危难时刻，湖北人民作出巨大牺牲，响应中央号召，最大限度地将疫情控制在中国，控制在湖北，避免疫情造成大面积蔓延，为世界赢得了时间，为国际提供了可借鉴的经验。

人民是伟大的，人民群众是无敌的。践行以人民为中心的思想赢得了举国上下民众的支持，弘扬了中华民族的伟大精神，彰显出一切依靠人民群众，一切为了人民利益的中国共产党推行的各项政策对民众的强大感召力。

全国一盘棋、集中力量干大事的政令执行力

实践证明，坚持中国共产党的集中统一领导是抗击疫情取得最终胜利的基石。在党中央的集中统一领导下，全国一盘棋，从总书记到

每个党员，从国务院到各级政府，从大城市到乡村，中央到县乡村，一级抓一级，一级守一级，层层督导，层层落实。每个单位都推行领导主体责任制，主要负责人担任疫情防控工作领导小组组长，每个人都守土有责、守土担责、守土尽责，深入一线、靠前指挥，身体力行。建立高效执行体制，从根本上保证了顶层决策、指挥指令快速见行动，疫情存量快速见底数，防控措施快速见成效。打通了疫情防控“最后一公里”，夯实了政令执行快速、坚决有力。

面对新冠肺炎疫情传染性极强的特点，阻断疫情传播交叉感染的最有效的方法，就是减少外出聚集。疫情发生时正逢中国新春佳节，对于有着1000多万人口的超大城市武汉来说，对于一个有着14亿人口的大国来说，减少外出谈何容易，但是武汉做到了，湖北人民群众做到了，整个中国做到了。“疫情之下，待在家里就是为国家做贡献”的背后真实地反映了人民群众对党和政府领导的这场阻击战的最大支持和配合。世界卫生组织总干事谭德塞高度评价我国的防控工作，认为中方行动速度之快、规模之大，世所罕见，展现出中国速度、中国规模，这是中国的制度优势。

任何一项好的政令，没有执行力都是徒劳的。对抗新冠肺炎疫情，是一项超级复杂的系统工程，需要在最短时间内指挥各个部门，调动各方资源，迅速调整体系分工，及时通报疫情数据，没有一个行动力、执行力极强的政府是无法想象的。在党中央和国务院的统一指挥部署下，我们看到各地迅速启动一级响应，不尽责的官员被拉下马，生产疫情防控物资的工厂迅速开工，全国医疗人员大批支援武汉，部队医护人员雨夜驰援、院士与专家亲赴一线，一支支满怀仁心的医疗队、一辆辆装满物资的支援车，陆续启程，目的地湖北；火神山医院、雷神山医院、方舱医院神速建完投入使用。全国基层社区、街道迅速建立了严密的防控体系，群防群治，强化社区防控网格化管理，实施地毯式排查，加强重点群体管控，减少行走的传染源，同时对疫情严重地区的民航、铁路、公路、水路、客运等通道实施严格查验，最大程度上控制了疫情的传播。人人在防护，各个行业在抗“疫”，每个单位都在履职尽责，心向抗“疫”，支持抗“疫”。湖北省新增确诊病例已经从最高峰期2月12日的新增14840例降到了3月13日的4例个位数字。不得不说，这是一个非常值得欣慰的成绩。正是有了中国共产党的坚强领导，发挥了中国特色社会主义制度的巨大优势，才会一方有难、八方支援，万众一心、众志成城，全力抗击疫情。这种强大行动力彰显了全国上下一盘棋、集中力量干大事的强大政令执行力。

多难兴邦，中华民族历史上经历过很多磨难，但从来没有被压垮过，而是愈挫愈勇，不断在磨难中成长，从磨难中奋起。对于中国人民来说，这场疫情，是战争，也是大考，这次考试彰显了坚持中国共产党领导的强大政治领导力，彰显了以人民为主体的政策感召力，这种凝聚人心、一心为民、勇夺胜利的力量就是百折不挠的中国力量。

（本文刊发在《消费日报》2020年3月18日第一版）

36 人民战“疫”为人民

2020年3月18日，中共中央总书记习近平主持召开中央政治局常委会议，分析国内外新冠肺炎疫情防控和经济形势，研究部署统筹抓好疫情防控和经济社会发展重点工作。习近平总书记指出，在全国上下和广大人民群众共同努力下，全国疫情防控形势持续向好、生产生活秩序加快恢复的态势不断巩固和拓展，统筹推进疫情防控和经济社会发展工作取得积极成效。3月19日，我国首次实现新增本土确诊病例和疑似病例零报告，已有18个省（自治区、直辖市）和新疆生产建设兵团无本土现有确诊和疑似病例。这一成绩是在习近平总书记亲自指挥、亲自部署下，在以人民为中心抗击疫情指导思想下取得的。在一系列战“疫”部署中，“人民”一词贯穿始终，体现了以人民为中心的治国理政思想，也充分发挥了人民群众在抗击疫情中的作用，彰显了人民利益至上的中国特色社会主义制度的显著优势，演绎了一场有中国特色的人民战“疫”为人民的中国战“疫”故事。

战“疫”成绩评判是民心

疫情发生以来，习近平总书记一再强调，要坚持人民利益至上，把保护人民的生命和健康安全放在第一位，并将其作为全党各级组织和各级政府工作的首要任务。坚持以人民为中心、密切联系群众、紧紧依靠人民群众。坚持人民至上、生命至上，千方百计做到“应收尽收、应治尽治”，竭尽全力提高收治率和治愈率、降低感染率和病死率。坚持人民主体地位，紧紧依靠人民群众，“坚决打赢疫情防控的人民战争”。广大人民群众积极响应党的号召，自觉遵从疫情防控总体安排和部署，有的义无反顾逆行去湖北武汉医院，有的“宅在家做贡献”阻断病毒传播，有的下沉社区抗“疫”一线，形成群防群治的强大合力。

新冠肺炎疫情的突发，不仅是对我国治理体系和能力的一次大考，更是对共产党员能否坚持初心与履行使命的一次检验。在这场没有硝烟的战争中，人民是否满意、人民的生命安全、身体健康、基本权益是否得到根本保障，是评判战“疫”成效的根本标准。人民群众迅速果决行动、全面听从中央安排，一切行动听指挥，压低了疫情流行高峰，削弱了疫情流行强度，避免了可能出现的更大范围疫情暴发，不仅有力维护了本国人民生命健康，也阻止了疫情向世界快速扩散。世界卫生组织总干事谭德塞惊叹“中方行动速度之快、规模之大，世所罕见”，指出“这是中国的制度优势，有关经验值得其他国家借鉴，相信中国采取的措施将有效控制并最终战胜疫情”。中国抗“疫”不仅赢得了国人的心，也赢得了世界的肯定。

战“疫”防控主体是民众

人心齐，泰山移。人民是打赢本次疫情防控阻击战的最坚固防线和最强大力量。为了人民，依靠人民，是我们战胜疫情的重要法宝。疫情防控，全国人民汇成一盘棋，每颗棋子都在其中发挥自己的作用。武汉封城之举，更是在中国史无前例，在世界绝无仅有，可谓壮士断腕。与时间赛跑，与病魔较量，阻击新冠肺炎疫情，打的是一场人民战争。全国人民万众一心，众志成城，共克时艰。

人民群众是抗“疫”的主体，是推动战“疫”胜利的决定力量。坚持以人民为中心，就是要正视人民主体地位和深刻认识人民是推动社会发展的根本动力，并将尊重人民主体地位与发挥人民力量有机统一起来，充分调动人民参与国家治理现代化的积极性、主动性与创新性。在这场疫情防控阻击战中，人民群众既是党和政府的保护对象，同时也是党和政府领导下抗击疫情的主体力量。人民群众这个战“疫”主体是打赢这场疫情防控人民战争、总体战、阻击战的重要保障。

人民是力量的源泉。在党中央国务院领导部署下，举国上下、全国各地、各行各业都积极投身到战场战“疫”中，从中央到地方，从党委到政府，从国家卫健委到地方各级卫生防疫部门，从共产党员到民主党派成员，从医生到护士，从军人到农民，从警察到记者，从快递小哥到环卫工人，从政府、企事业单位、民营企业的组织机构到每个公民个人，都在第一时间投身到抗“疫”中，他们不分年龄大小、不分职业出身，真诚奉献，奔波在城市的各个角落，哪里需要去哪里，他们用自己的实际行动为抗击疫情贡献着自己的一份力量。不论职业、不论行业、不论区域，全国上下，同心齐力，和衷共济，构成了与世纪疫情作战的强大人民主体，形成了疫情防控的强大合力。抬头相望，可以看到无数的普通人冲锋在前，无论是在一线抗击疫情的“逆行者”，还是普通群众身边的“守望者”，他们在各自不同的岗位上辛勤劳动，默默付出。低头沉思，能感受到一个又一个令人感动的抗“疫”瞬间和画面，一个个远行的坚毅背影，一双双被消毒液浸泡刺激的手，一张张布满勒痕的脸庞都久久回荡在我们心间，湿润了我们的眼睛。这就是中国人民，这就是最坚强的抗“疫”主体。他们用各自不同的方式诠释着中国精神，使人们在温暖与感动中产生积极向上的精神力量，为齐心协力打赢这场战“疫”增加了砝码和信心。

战“疫”保障重点是民生

民生稳民心就稳，民心稳民众就稳、社会就稳。面对艰难复杂的疫情形势，坚持人民利益高于一切，始终是我们做好疫情防护各项工作的根本原则。习近平总书记强调，越是发生疫情，越要注意做好保障民生、改善民生工作。民生是为政之要，必须时刻放在心头、扛在肩上。在国内外疫情形势严峻复杂的情况下，优先要保障和改善民生，该办能办的实事要竭力办好，基本民生的底线要坚决筑牢。从最基本、最实际、最急迫的问题着眼，从老百姓最关心、最关注的事情入手，从最危险、疫情最重的地区做起，在疫情防控中让“保障和改善民生”真正落到实处，做到疫情地区百姓的心坎上。

稳供应。衣食住行是民生之本，是老百姓关注的头等大事。要充分考虑群众基本生活需求，密切监测市场供需和价格动态，保障米面粮油、肉禽蛋奶等生活必需品供应。对因疫情防控在家隔离的孤寡老人、困难儿童、特困人员、残疾人等特殊群体，要落实包保联系人，加强走访探视，及时提供必要帮助。

稳物价。护好百姓的“菜篮子”“米袋子”。老百姓一日三餐离不开油盐菜米，物价是百姓最关注的话题，说在嘴上，记在心上。做好居民生活必需品的保障，防止物价过快上涨。保持疫情期间与群众生活密切相关的服务不停业、不断档，千方百计保障民生。一手抓抗“疫”，一手保民生，越是非常时期越要关注民生，把老百姓的冷暖记在心上，让民生保障温暖人心。

稳就业。把稳就业放在民生工作的重要位置，是以人民为中心和以人为本发展理念的具体体现。就业是最大的民生工程、民心工程、根基工程，是社会稳定的重要保障，必须抓紧抓实抓好，让百姓有得吃有得穿有工作有钱赚，稳就业对于社会的发展非常关键。

庚子新春疫情发，人民战“疫”民心抓，中国制度优势显，抗

“疫”战绩人人夸。在以习近平同志为核心的党中央坚强领导下，通过一系列及早判断、精准决策、迅速行动、为民尽责的实际行动，使这场人民战“疫”感动了国人，收获了民心，守望相助，赢得了国际赞誉、世界的尊重，正如一些网民评论的：能在如此短的时间里，动员全国人民一起参与，全国资源一起整合，全国省份一起支援湖北，全国上下一盘棋，除了中国，没有其他国家能做到。中国人民用可歌可泣的战“疫”实绩向国际社会传递了中国战“疫”必胜的信心和希望，让世界看到了中国的责任与担当，我们有责任、有义务向全世界讲述人民战“疫”为人民的中国战“疫”故事。

（本文刊发在《消费日报》2020年3月24日第一版）

37 守望相助 全球抗“疫”手挽手

2020年4月3日，新冠肺炎全球累计确诊病例突破100万例。这是新冠肺炎疫情确诊病例数字进入人们视野以来，第一次踏入百万的门槛，并且还在以每天5万以上的速度在增长，未见明显缓和迹象。伴随着数字的跳升，是人们对世界疫情到底何时出现拐点的焦虑以及对经济发展的担忧和社会稳定的隐隐恐慌。大家都明白，每天增加的不仅仅是数字，更是一个个重症患者的绝望，一个个鲜活生命的消失，是一个又一个亲人骨肉的分离、温暖家庭的破碎。病毒无国界，疫情肆虐全球，新冠疫情是21世纪全人类面临的一次最严峻挑战，在此艰难时刻，全世界唯有以空前的团结精神和坚定行动，守望相助，手挽手联合抗“疫”，才能在全球战胜病毒，赢得最终胜利。

病毒不分国界肆虐全球

据美国约翰斯·霍普金斯大学4月6日发布的全球新冠疫情最新统计数据显示，截至北京时间4月6日19时01分，全球累计确诊病例达1286409例，其中累计死亡70356例，累计治愈270098例。

纵观全球，病毒已经在全球200多个国家开始传播蔓延，给人类带来的挑战已经不容回避。全球多个国家或地区相继宣布进入紧急状态，部分国家或地区还采取了“封国”“封城”的措施。面对疯狂肆虐的病毒，人类别无选择，必须不分种族、不分国家、不分区域联合抗击，国际社会唯有手挽手共同应对，才能取得抗击疫情的最终胜利。

国家主席习近平在二十国集团领导人应对新冠肺炎特别峰会上发表题为《携手抗疫　共克时艰》的重要讲话。习近平主席秉持人类命运共同体理念，分享中国疫情防控的经验和成果，提出有效开展国际联防联控的“中国方案”，为打赢新冠肺炎疫情防控全球阻击战注入了强大信心与力量。当前，国际社会最需要的是坚定信心、齐心协力、团结应对，全面加强国际合作，凝聚起战胜疫情强大合力，携手赢得这场人类同重大传染性疾病的斗争。

为世界抗“疫”提供“中国经验”

中国在抗“疫”期间，表现出了超强的统筹协调能力，14亿人民在中国共产党的领导下，同舟共济，上下一心，同心同德，在较短时间内就将疫情控制住，为全世界争取了时间。很多人都想要来到中国，求得一份平安，中国已成为疫情下的“诺亚方舟”。面对突如其来的新冠肺炎疫情，习近平总书记亲自指挥、亲自部署，始终把人民生命安全和身体健康摆在第一位，按照坚定信心、同舟共济、科学防治、精准施策的总要求，坚持全民动员、联防联控、公开透明，坚决打赢抗击疫情的人民战争。经过艰苦努力，付出巨大牺牲和代价，目前中国国内本土新发疫情基本得到控制，生产生活秩序正在加快恢复。这是全体中国人上下齐心奋力抗“疫”的伟大成果，蕴含着宝贵的“中国经验”。

世界卫生组织驻华代表高登·加莱亚于4月5日指出，目前中国从新冠疫情遏制阶段进入缓解阶段，中国在防控疫情方面积累了非常重要的经验，特别是因地制宜，采取了适合各地不同情况的公共卫生措施，非常有效地控制了疫情传播。通过保持社交距离、隔离、加强个人卫生等举措，中国人民为遏制疫情传播作出了巨大努力，产生了积极成效。他表示，各国应共同协作分享抗“疫”经验和疫情信息，互相借鉴学习，采取及时有效的防控措施。

全球抗“疫”手挽手

疫情在全球蔓延证明，世界各国已日益成为休戚相关、密不可分的命运共同体，合作而非对抗才能有效应对新冠疫情对人类的共同挑战。中国倡导的“构建人类命运共同体”理念已经写入多份联合国文件中，逐步为国际社会所广泛接受。

在中国本土疫情基本得到控制之时，疫情在多国暴发蔓延。中国主动对世界多个国家及世卫组织、非盟等国际组织提供力所能及的帮助和紧急援助。中国主动分享经验给世界抗“疫”国家，将中国诊疗方案、防控方案及时分享给联合国会员国及10多个国际组织，助力全球卫生安全。与此同时向意大利、韩国、日本等国派遣专家组，按照“一省助一国”的方式支持各国抗“疫”。中国还积极援助公共卫生体系和防疫能力较为薄弱的国家以及欧盟、非盟、东盟等国际组织，积极加强与国际组织合作共同抗“疫”。秉持人类命运共同体理念的中国，成为世界联合抗“疫”的中坚力量，成为抗“疫”战争的中流砥柱！

重大传染性疾病是全人类的敌人。面对这一全人类的共同危机，没有任何一个国家可以独善其身，国际社会比以往任何时候都更需要团结和合作，应迅速采取有力行动，战胜关乎各国人民安危的疫病，团结合作是最有力的武器。病毒无国界，世界需要太平。唯有守望相助，全球手挽手共同合作，才能取得抗“疫”斗争的最终胜利，迎来人类更加美好的明天。

（本文刊发在《消费日报》2020年4月8日第一版）

38 消费按下重启键

2020年4月29日的一则北京重大突发公共卫生事件应急响应由一级降为二级的新闻瞬间冲上热搜。据有些旅游搜索引擎平台数据显示，消息公布很短时间内，出入港北京的机票订单和酒店订单大幅增长，旅游搜索热度持续上涨，很多人在说，消费重启键终于被按下去了。

消费重启信号已显现

庚子年春天的这场突如其来的新冠肺炎疫情，改变了整个社会的运行，无论人们的生活、工作、学习、国际贸易还是心理都发生了太大的改变。久久闷在家里的人们渴望一切恢复正常。当大家关注的消费重启信号终于出现时，人们欢呼雀跃，击掌相庆，甚至有人在朋友圈晒出了唐朝诗人杜甫的诗“剑外忽传收蓟北，初闻涕泪满衣裳。却看妻子愁何在，漫卷诗书喜欲狂。白日放歌须纵酒，青春作伴好还乡。即从巴峡穿巫峡，便下襄阳向洛阳。”

信号一：“两会”召开日期公布了。“两会”是中国政治生活中的一件大事，推迟召开前所未有，目前形势下能够召开更是鼓舞人心。2020年4月29日，“两会”召开的具体日期相继公布，十三届全国人大三次会议将于2020年5月22日在北京召开，全国政协十三届三次会议于5月21日在北京召开。“两会”召开日期的公布，标志着将有来自全国各地的数千名代表会聚北京商讨国家大事。“两会”的召开，是今年一个重要里程碑，彰显我国抗“疫”取得了重要成果。

信号二：北京“降级”了。从4月30日开始，北京应急响应一级降为二级。低风险地区进京出差、返京人员不再居家隔离14天了，正在居家集中观察的可以解除观察。考虑到北京作为首都在全国的特殊地位，这个新闻极具震撼力，瞬间刷遍了朋友圈，人们奔走相告，北京“降级”了，可以自由出入了。

信号三：学生开学了。全国多个省市或已经开始返校，或已经公布了陆续返校的日期。学生开学也意味着我国国内疫情防控形势实现根本好转。

消费重启政策在落地

4月29日中央政治局常委会议召开，习近平总书记主持会议并指出，在党中央坚强领导和各方面大力支持下，在湖北人民特别是武汉人民积极参与配合下，经过艰苦卓绝的努力，湖北保卫战、武汉保卫战取得决定性成果，全国疫情防控阻击战取得重大战略成果。各地区各部门要抓紧抓实抓细常态化疫情防控，有针对性地加强外防输入、内防反弹举措，不断巩固防控战果，为经济社会秩序全面恢复提供有力保障，确保完成决战决胜脱贫攻坚目标任务，全面建成小康社会。

为顺应居民消费升级趋势，加快完善促进消费体制机制，进一步改善消费环境，发挥消费基础性作用，助力形成强大国内市场，国家发展改革委等23个部门联合印发了《关于促进消费扩容提质加快形成强大国内市场的实施意见》。要坚持以供给侧结构性改革为主线，围绕改善消费环境，破除制约消费的体制机制障碍，提升消费领域治理水平，更好满足人民群众消费需求，综合提出促进消费扩容提质、加快形成强大国内市场的政策举措。从市场供给、消费升级、消费网络、消费生态、消费能力、消费环境六个方面促进消费扩容提质。在文旅、餐饮、汽车、家电以及养老、育幼等方面，将有更多利好政策落地。有的地方推出了“消费券”，有的地方设立了“生活节”，等等，这些政策和举措直接向消费领域倾斜，无疑是重启消费的重要抓手。

消费重启心理要适应

随着疫情防控形势持续向好，多地应急响应级别继续下调，社会慢慢在恢复常态，消费复苏在路上了。更多餐馆开业了，甚至可以堂食了，户外旅游可以不戴口罩了，快递人员也可以持健康宝绿码进小区了，闹市有些人流涌动了，道路开始拥堵了，从“宅在家就是做贡献”到希望大家“出门消费助发展”时，心理上确实是需要一段时间来逐步适应的。

从为了自我保护和保护他人“减少消费”到疫情好转、发展经济而重新“享受消费”，闯过内心的隔离区至关重要。我们应该在做好防护的前提下，逐步回归正常生活和工作，回归餐厅、回归商场、回归生产一线、回归生活常态，重启消费至关重要。

消费重启信心要坚定

随着疫情形势的好转，我们坚信消费市场一定能够再次繁荣起来，国内消费也一定能够迎来补涨机会，之前按下“暂停键”的消费市场换成“重启键”后一定可以再次繁荣。

在疫情期间中也催生了很多新型消费，呵护了经济的艰难发展。比如“宅经济”催生的线上消费新业态就十分显眼，现在几乎各行各业都开始涉足直播带货，这既可以突破时间和空间限制，又有效对接了产品端和需求端，还能避免人与人的直接接触，保证了安全，促进了消费和生产的回暖。像各种老字号直播、乡长直播、主播直播、在线讲堂、直播培训、视频论坛等层出不穷。线上业态的快速发展，也在很大程度上弥补了疫情对经济的冲击。

我们坚信，随着疫情形势的好转，疫情期间压抑的消费，尤其是餐饮、旅游等遭受重创的服务业一定会迎来强劲复苏，中国消费经济的大船一定能再次扬帆远航。

（本文刊发在《消费日报》2020年5月8日第一版）

39 相信北京

2020年6月11日以来，北京市连续出现新冠肺炎确诊病例。7天内分别新增本地确诊病例1例（11日）、6例（12日）、36例（13日）、36例（14日）、27例（15日）、31例（16日）、21例（17日），已累计确诊158例。

逐渐平静的公众情绪被这次突如其来的疫情瞬间打破。但面对这次疫情，公众普遍没有年初暴发时的恐慌，人们的生活、工作、学习和疫情防控在党中央国务院和北京市委市政府的领导下，有条不紊地进行中。大家相信北京一定能够尽快控制这次疫情！

北京疫情防控有高度

北京作为全国政治、文化、国际交往中心和科技创新中心，其重要性毋庸置疑，因此，北京的这次新冠肺炎聚集性疫情引起了社会各界高度重视。

习近平总书记对新冠肺炎疫情防控多次作出重要指示批示，李克强、王沪宁、孙春兰等中央领导同志对北京市近日出现的新冠肺炎聚集性疫情防控工作提出了明确要求。北京市委市政府多次召开专题会议，研究布置北京市疫情防控工作，确保坚决阻断疫情传播渠道，坚决遏制疫情扩散蔓延，坚决果断快速、科学精准有效做好疫情防控工作。

北京疫情防控有速度

北京市此次疫情首例确诊患者——备受关注的“西城大爷”唐某某，清晰地回忆出从5月30日开始去过的每一个地方和接触过的每一个人，特别是对6月3日自己去新发地购买海鲜并短暂停留这件事，进行了准确描述，为相关部门锁定新发地市场并作出迅速反应提供了重要信息。

面对疫情，北京市响应及时，第一时间发现了疫情，第一时间锁定了源头，第一时间采取措施。6月13日上午开会通报了新增患者有关情况，北京市丰台区迅速启动战时机制，成立现场指挥部，于6月13日凌晨3时起紧急暂时关停新发地市场，对市场及周边小区采取封闭管理措施，全面有序进行卫生整治和环境消杀，开展病例搜索和追踪溯源。对接触过新发地的相关重点人员由属地政府统一组织核酸检测，做到应检尽检。16日起，北京市由三级响应调高到二级响应。恢复社区封闭式管理，严格口岸食品检验检疫，调整公共交通限流比例，同时实行“自我隔离”，实施严格进出京管控，严防疫情外散。

北京疫情防控有力度

北京市强化底线思维和担当意识，立足防大疫、打大仗，从防与治两端发力，以坚决果断、有力有效的举措，阻断传播途径，遏制疫情蔓延扩散，努力将疫情扼杀于成灾之前。

坚持“严格社区封闭式管理和健康监测，严格进出京管控”等“九严格”措施的同时，北京16日晚还出台了15条加强版的防控措施。

如恢复社区封闭式管理，落实测温、查证、验码、登记等措施后方可进入；对高风险街道（乡镇）所辖小区（村）进行全封闭管控，人员只进不出、进行居家观察并做核酸检测；中高风险地区返乡人员、新发地市场相关人员禁止离京，其他人员坚持“非必要不出京”，确需离京的须持7日内核酸检测阴性证明；进出京航班大面积取消，部分长途客运班线停运，出租车、顺风车暂停出京等。

北京疫情防控有温度

北京市疫情防控中特别注重民生保障。

针对学生学习。17日起，北京中小学各年级停止到校上课，学生居家在线学习，在京高校学生停止返校。优化网络环境，保障网络教学效果。针对初三、高三年级学生，组织骨干教师和中高考学科教师进行在线答疑，解决考生复习中的个性化问题。

针对食品安全和线上采购。北京市维护首都市场秩序，严厉打击哄抬物价、囤积居奇、过期变质、假冒伪劣、来源不明等违法违规行为。调集货源保障北京市场供应，在安全采购食品方面为居民支招，保障食品安全。想方设法加大外卖的运输力量，为暴增的百姓线上采购做好服务。

针对居民关心的核酸检测。北京市尽快公布了具备核酸检测能力的98所机构。居委会大爷大妈到深夜了还在一边擦汗一边在每个单元门口按门铃，询问每户“有没有去过新发地的人”，最后还不忘说一句“谢谢，辛苦了”。众多医务人员和社区工作人员冒着北京夏天高温酷暑，认真为每一个人采样检测，穿着密不透风的防护服，浑身湿透的汗水如雨水般流下来，这一幕幕都令人无比动容。目前，北京市日均采样约40万人，今后几天还将持续扩大检测能力，满足居民检测需求。

破除谣言，相信北京

虽然一些不实传言由于政府的及时回应得以迅速澄清，但种种谣言还是给非常时期北京的抗疫增加了负担。一条微信、一张截图，就能造成普通市民恐慌情绪。谣言也是疫情，网络空间不是法外之地，那些编造谣言的不法分子，等待他们的将是法律的严惩。在北京非常时期，让我们擦亮眼睛，相信权威渠道，不轻信和转发任何未经证实的消息，把更多精力用到疫情防控中。破除谣言，相信在大家的共同努力下，北京疫情一定能够尽快得到控制。相信北京，别让谣言毁了疫情防控。

我们相信，北京的这一轮疫情不会酿成“武汉2.0”，因为经历了半年的抗疫之战，积累了丰富的经验。北京已经建立的联防联控体系、检测体系、病例追踪体系和科学诊断治疗体系有助于战胜这次疫情。就像习近平总书记在中非团结抗疫特别峰会上所说，人类终将战胜疫情，人民也终将过上更加美好的生活。

（本文刊发在《消费日报》2020年6月22日第一版）

农产品批发市场也该转型升级了

无论是年初发生在武汉华南海鲜市场的疫情还是本次北京疫情反弹，都让以新发地市场为代表的农产品批发市场成为公众关注的焦点。很多人都在思考，我国农产品批发市场也该转型升级了。

以新发地批发市场为例看农产品市场存在的问题。北京新发地农产品批发市场成立于1988年5月，人们谈到新发地当初建设时常用“315”来形容：也就是15个人用了15万元启动资金在15亩的土地上建起了新发地农产品批发市场。目前新发地市场经过30多年的建设和发展，已成为首都北京乃至全国交易规模最大的专业农产品批发市场，在全国同类市场中具有很大辐射力和影响力。无论从市场占地、人员数量、交易品种还是交易金额、出口贸易等均名列前茅，是首都北京名副其实的大“菜篮子”和大“果盘子”，在农产品供应中占有十分重要的地位。

这次北京疫情反弹，暴露出以新发地为代表的大型农产品批发市场存在的诸多问题：一是农产品批发市场普遍建设时间较早，在市场规划设计和功能定位上存在缺陷，缺乏对市场现代化基建升级的规划与建设。二是农产品市场的信息化管理水平滞后。日常管理依然是传统管理手段，市场的发展没有跟上信息化迅速发展的步伐。农产品流通中产地信息、物流信息、人流信息、质检安全信息各自为政，没有形成统一的农产品流通信息管理系统。三是在政府与市场主体之间的监管存在障碍，尤其是食品安全方面的监管漏洞较多。政府作为百姓食品安全的守护神，没有拿出更多精力来介入大型农产品市场的食品安全监管，更多依靠的是市场本身的监管制度，而市场又是以盈利为目的的企业，监管力度不够。四是市场更多注重经营，主要靠收取“摊位费”盈利，而对食品安全追溯重视不够，溯源手段不齐。五是市场应急管理体制不健全，遇到突发情况，农产品批发市场无法可依，无章可循，应急体制失调甚至瘫痪，很难迅速做出合理反应。

大型农产品批发市场的转型升级需要从多角度、全方位入手解决。结合各地具体情况，对大型农产品批发市场进行转型升级改造，从而保障百姓的“菜篮子”“果盘子”“米袋子”，让大家吃得放心、吃得安全。

制订现代化整体规划改造方案。随着外部市场环境变化、现代物流水平飞速发展，电子商务对传统农产品批发市场业态产生了巨大冲击，要制订现代化整改与升级方案。建筑规划设计要贯彻物流与商流分离、批发与零售分离、垂直物理空间分离等理念，制定一套办公区、餐饮休闲区、销售市场和物流转运区合理规划、有机分离的整体方案。

加强农产品市场政府监管体系建设。政府要加强对农产品批发市场的监督管理工作，应该会同市场主体共同打造农产品流通交易平台。政府应该派驻相关政府人员进入市场，介入市场的日常监督管理工作。大型农产品市场的规划、建设、管理、运行、发展等绝不仅仅是市场主体自己的企业行为，应该是政府进行城市管理工作、保障城市安全运行的重要组成部分。

加强农产品流通体系建设和农产品安全追溯体系建设，保障农产品安全。政府要主动参与相关农产品流通制度和农产品安全追溯体系建设，政府制定规则，市场运行主体负责具体执行，同时引进第三方机构，增加市场风险评估和检测。确保从“农田到餐桌”食品安全全过程管理。农产品安全追溯体系要体现国际化、本土化、细分化的特点，争取做到农产品物流与安全信息一体化。

在具体执行环节，要求市场主体运行者必须按照国家相关部门制定的行业规则，参照国际流行的农产品追溯制度，与所有供货商和生产基地达成一致，从生产、运输、进场和交易等全过程执行溯源管理制度，确保每件农产品都能溯源。市场对于销售的商品加贴二维码或标识码，为消费者提供食品安全溯源保障。

强化农产品批发市场信息化建设和应急体系建设。农产品市场的应急体系建设和市场信息化建设是相辅相成的。批发市场的应急管理水平得益于完善的信息一体化平台系统，一旦某个产品出现食品卫生安全事件，信息会第一时间进入预警系统，可以第一时间启动食品溯源调查程序。政府部门第一时间对风险进行科学分析与评估并把结果通报给相关部门，各部门和机构根据自身的职责进行应急处理。从而实现快速处理食品安全事件和其他突发应急事件。

总之，通过对大型农产品批发市场基础设施改造、信息管理系统改造、农产品安全追溯系统改造、应急管理体系改造等一系列工作，运用互联网、云计算、物联网、大数据等现代信息技术，把大型农产品批发交易市场打造成现代化新型智慧农产品市场，保障百姓餐桌安全。

（本文刊发在《消费日报》2020年6月30日第一版）

41 莫让洪灾挡住脱贫步伐

据应急管理部统计，截至2020年7月10日14时，2020年年初以来洪涝灾害造成浙江、安徽和贵州等27个省（自治区、直辖市）3385万人次受灾，141人死亡失踪，农作物受灾面积2983千公顷，直接经济损失达695.9亿元。对此，国家防汛抗旱总指挥部16日下发通知，要求各地认真贯彻落实习近平总书记关于防汛救灾工作重要指示精神，坚持人民至上、生命至上，充分认识当前防汛抗洪形势的严峻性和复杂性，坚决克服麻痹思想和侥幸心理，发扬连续作战精神，更加扎实做好当前防汛救灾工作，切实把确保人民生命安全放在第一位落到实处。国务院扶贫办要求努力克服洪涝地质灾害等对脱贫攻坚的影响，增强风险意识，强化底线思维，确保高质量打赢脱贫攻坚战，实现党和政府对人民的承诺，绝对不能让洪灾挡住脱贫的步伐。

提高政治站位重视洪灾危害。充分认识洪灾对经济发展和人民群众生活的影响。牢固树立人民至上、生命至上理念，充分认识确保人民生命安全的重要性，清醒认识当前防汛救灾工作的紧迫性、严峻性，切实把防汛救灾作为重大政治责任和当前中心任务，集中优势力量，统筹人、财、物，采取更加有效的措施，尽最大努力保障人民群众财产安全，保障人民群众生命健康。

采取积极措施减轻洪灾影响。有关部门要积极调度各方力量，根据受灾地区实际情况，分轻重缓急合理救助。抓紧修复冲毁的道路，尽快恢复交通，尽早供水供电，想尽一切办法保持通信畅通等，精心谋划灾后重建，尽快恢复生产生活秩序。组织社会力量参与洪灾救助，协助受灾户开展生产自救，最大限度降低因灾致贫、因灾返贫，采取积极措施，尽最大努力减轻洪灾对人民群众的影响。

发挥专业力量筑牢洪灾防线。发挥专业机构和人员力量，加强对洪灾的会商研判和监测预警，加强风险隐患排查，提前预备力量和物资，排查整治风险隐患，抓紧补齐短板，消除薄弱环节，做好救灾物资调配，协调各方抓实抓细防汛抢险救灾措施，筑牢防灾、减灾、救灾的防线，依靠专业人员、专业力量，尽可能把危险控制在发生之前。

做好统计调研，实施精准救助。贫困地区基础设施本就薄弱，贫困户抵抗自然灾害能力不足，尽快准确掌握贫困村基础设施损毁、扶贫项目损失、贫困户房屋倒塌、财产损失以及因灾返贫等情况，要逐村、逐户、逐项进行登记造册，摸清贫困村、贫困户受灾底数，为实施精准帮扶夯实基础。做好统计调研，实施精准救助，是能否实现高质量完成脱贫攻坚任务的重点环节。各地区各部门要在抓好防汛救灾工作的同时，要认真做好受灾困难群众帮扶救助，根据每家每户具体情况，做出精准救助，在脱贫攻坚路上，不让一个人掉队，防止因灾致贫、返贫，为脱贫攻坚全面实现小康交出一份暖暖的民生答卷。

因灾返贫将是脱贫攻坚的最大变量，高度重视洪灾等自然灾害影响，做好防灾减贫工作是今年脱贫攻坚的主要工作。正可谓，洪水呼啸破城穿，摧屋倒厦人遭难，灾情无情人有情，脱贫攻坚党领衔。万众齐心迎挑战，负重前行步履艰，小康路上齐努力，人民福祉在眼前。

（本文刊发在《消费日报》2020年7月21日第一版）

42 对餐饮浪费坚决说“不”

“谁知盘中餐，粒粒皆辛苦”。近日，习近平总书记对制止餐饮浪费行为作出重要指示。对于餐饮浪费现象，他用了八个字作评价：“触目惊心、令人痛心！”

经过改革开放40多年的发展，我国经济发展水平迅速提高，人们的生活越来越好了。大家的消费结构、消费能力和消费习惯都有了很大改变，但唯一不应改变的是中华民族厉行节约，反对浪费的社会风尚。对于粮食安全问题和勤俭节约问题，习近平总书记一直高度重视，多次强调要制止餐饮浪费行为。

“一粥一饭，当思来处不易；半丝半缕，恒念物力维艰。”很多没有在农村生活过、没有参加过农业劳动的人，没有食不果腹、衣不蔽体感受经历的人，缺少对粮食的敬畏、对食品安全的渴望，缺乏对粮食危机的担心。很多人在讲排场、好面子等陋习驱使下，请客吃饭时以饭桌上点的菜多为荣、没有吃完为耀。无论是小饭馆还是大酒店，剩下满桌饭菜起身就走的现象随处可见。米饭整碗倒掉、菜肴只动了几口就扔在一边，在大大小小的食堂和餐厅中，这样的场景几乎天天上演。据专家估计，我国餐饮食物一年的浪费量，相当于丢弃了几千万甚至上亿人一年的口粮。确实触目惊心、令人痛心！因此我们要对餐饮浪费坚决说“不”。

今年，新冠肺炎疫情对社会经济各方面的冲击还在持续中，包括日趋复杂的国际形势影响，对于有14亿人口的中国人来说，吃饭问题就成了重中之重。手里有粮，心中不慌，粮食安全的重要性更加凸显。尽管我国粮食生产连年丰收，对粮食安全还是始终要有危机意识。习近平总书记一再强调，越是面对风险挑战，越要稳住农业，越要守住粮食安全底线，绝不允许出现任何问题。

习近平总书记强调，要加强立法，强化监管，采取有效措施，建立长效机制，坚决制止餐饮浪费行为。要进一步加强宣传教育，切实培养节约习惯，在全社会营造浪费可耻、节约为荣的氛围。珍惜粮食、节约粮食的习惯，不仅贯穿着中华民族几千年的历史，更是任何时代都不能忘却的优良传统。党的十八大之后，铺张浪费现象大大减少，社会风气进一步好转。如何对餐饮浪费坚决说“不”，我们在很多方面可以做得更好。

树立节约消费理念。我国自古以来就崇尚以孔子为代表的儒家节俭消费观。新中国成立伊始，人人讲节约，处处谈节俭，为新中国经济在较短时间内走出低谷立下了汗马功劳。中央“八项规定”出台以来，国民勤俭节约意识大大提高，高端餐饮消费开始走下坡路，消费人数越来越少，消费市场的浪费、奢侈行为大大改善。在新形势下，越来越多的消费者意识到要树立以节约光荣、浪费可耻的消费理念，要坚决摒弃好面子、讲排场的陋习，减少各种宴席、自助餐的餐饮浪费。

培养节约消费习惯。在新中国成立初期，“新三年，旧三年，缝缝补补又三年”的消费观念曾一度盛行。随着经济社会发展进步，消费市场中的商品和服务日益丰富，城乡居民有能力购买更多的新商品，但是适度消费、节约消费的习惯不可丢。比如，餐厅要培养合理调整菜品数量、分量，推广分餐制，主动提供小份菜、半份菜，引导消费者饭后主动打包，倡导“光盘行动”等一系列节约消费的习惯。

营造节约消费氛围。将厉行节约作为餐饮业常态化发展的要求，使“珍惜食品、剩余打包、杜绝浪费”的消费理念深入人心。通过张贴放置“浪费可耻、节约为荣”“倡导光盘行动”“谁知盘中餐，粒粒皆辛苦”等宣传标语、店内海报、点餐提示的宣传形式，营造文明用餐、合理用餐、节约为荣、浪费可耻的消费氛围，使之成为一种餐饮文化。

建立节约消费机制。餐饮服务单位要将制止餐饮浪费纳入餐饮生产、加工、服务的全过程，减少餐厨垃圾；及时提示消费者根据用餐人数合理点菜、适度消费、避免浪费。提醒消费者“吃多少点多少，吃不了就打包”，并提供打包服务。使合理消费、节约消费成为一种机制。

世界很大、餐饮很小。迈好坚决对餐饮浪费说“不”这一小步，整个国家的经济就向前发展了一大步。节约粮食，从我做起。坚决制止餐饮浪费，从现在做起。遏制餐饮浪费，依然任重而道远。

（本文刊发在《消费日报》2020年8月18日第一版）

43 以媒为介助力中华优秀传统文化传承与创新

中华优秀传统文化是中华民族生生不息的源泉，是中国社会发展和民族生存的重要力量，更是炎黄子孙繁衍进步的基石。纵观中华民族发展历史，国家的每一次进步和发展，都伴随着文明的延续和更迭。探寻如何发挥媒介力量，推动中华优秀传统文化的传承，进而推动社会的转型升级就显得至关重要。尤其在新媒体时代，伴随着大数据、物联网、人工智能等新技术的不断出现和应用，以及信息社会的快速发展，融媒体时代应势而来，深刻而又广泛地影响着人们的思维方式和实践活动。如何在新时代的背景下，着眼现在、立足当前，把握大势、规划未来，合理运用融媒体手段，传播中国文化，传递中华民族核心价值观，向世界发出中国声音，助力和推动中华民族优秀传统文化的传承与创新发展，助力新型智慧型城乡建设，意义深远。

党的十八大以来，以习近平同志为核心的党中央高度重视中华优秀传统文化的继承与弘扬，提出了一系列高瞻远瞩、意义深远的重要论断，对于我们正确认识中华优秀传统文化深有启发。中华优秀传统文化是中华民族不断发展壮大、自强不息的强大精神力量，是我们最深厚的文化软实力，是中国特色社会主义制度植根的沃土，是我们在世界多文化大潮中站稳脚跟的基石。传承和弘扬中华优秀传统文化，推动中华优秀传统文化的复兴和光大，是中华民族伟大复兴的应有之义，是炎黄子孙的责任和义务，也是中华民族伟大复兴的精神动力和精神支撑。

中华优秀传统文化内涵丰富、形式多样、区域广泛，历史和现实都证明，中华民族有着强大的文化传承力和创造力。中华优秀传统文化在当今时代的传承与创新发展，离不开新技术手段的支撑和助力。在融媒体时代，更要发挥融媒体力量助推中华优秀传统文化传承与发展，对中华优秀传统文化进行全方位深入认识，重点挖掘出优秀传统文化思想价值，积极探索发现宣传弘扬中华优秀传统文化的方法与途径，促使中华优秀传统文化在推动社会快速发展中发挥巨大的助推力。

技术变了，时代也变了。以大数据、物联网、人工智能为代表的新技术不断出现和运用，为社会发展变革带来了强大动力和技术支撑。尤其是“互联网+”更是带来了社会游戏规则的改变，现在终端随人走、信息围人转已经成为信息传播的新态势，手机成为我们的贴身媒体，随时随地在传递各种信息。日常生活的方方面面都与手机密不可分、无法脱离。离开手机，人们会有寸步难行、无法生活的感觉。在传承推广中华优秀传统文化时除了培训、出版、展览、影视等传统的线下推广方式，也应积极利用网站、微信、微博等线上平台进行推广，提供多样化表达方式和传播路径。“移动互联网+传统文化”的发展模式有利于推动媒体融合向纵深发展，做大做强主流媒体，把新技术与社会各界发展深入融合，推动社会各方面转型发展。

融媒体时代要因时而动、因势而为，合理运用新技术手段赋予其崭新的生机和活力，深入挖掘和阐释中华优秀传统文化的新时代价值，以媒为介助力中华优秀传统文化的传承与创新。

（本文刊发在《消费日报》2020年9月1日第一版）

让产业扶贫“活水”源源不断流向田间地头

2020年是决战决胜脱贫攻坚、全面建成小康社会的收官之年。改革开放以来，我国扶贫开发取得世界瞩目的成就，已经有7亿多农村贫困人口摆脱了贫困，贫困地区经济社会长足发展、人民生产生活条件显著改善，今年年底将实现现行标准下农村贫困人口全部脱贫，贫困县全部摘帽，解决区域性整体贫困。联合国在2030年发展议程上提出，全球要在2030年解决绝对贫困问题，而我国设定的实现绝对贫困人口全部脱贫的时间节点，比联合国预设目标提前10年。这也意味着，我国将走在全球特别是发展中国家减贫事业的前列。

我国的农村扶贫开发政策经过第一阶段体制改革带动脱贫，到第二阶段以县为单位的扶贫开发和第三阶段以村为单位的扶贫开发，现在进入第四阶段精准扶贫阶段。精准扶贫要将扶贫机制精确到农户层面，扶贫的路径要由大水漫灌式向精准滴灌式转变，资金使用由多头分散向统筹集中转变，扶贫开发模式由偏重输血向注重造血转变。精准扶贫要找到“穷根”，明确靶向，量身定做，对症下药，让扶贫真正扶到点上、扶到根上，让贫困群众真正从中得到实惠。

产业扶贫是脱贫攻坚的重头戏。在贫困地区，农业是产业扶贫的主要内容，要培育发展富民产业，把贫困人口纳入产业发展中来，同时注意发挥市场机制的作用。传统农业的一个基本特征就是农民用世代传承的土地、劳动力和技术进行小规模农业生产，而这种传统农业生产方式的投资回报率太低，生产规模很难扩大。改造传统农业就要改变土地、劳动力和技术这三大生产要素。改变技术就要设法引进推广先进农业技术助力农业发展。改变劳动力就要千方百计举办各种培训班对农民进行培训，传播先进理念和农业技术，提高农民的知识和技能。改变土地就要把农村土地设法流转起来，把小面积耕地变成大规模农业生产用地，开展规模化生产。这样才能以市场为导向，以经济效益为中心，以产业发展为杠杆进行产业扶贫，从而促进贫困地区的发展，增加贫困农户的收入。产业扶贫是一种内生发展机制，可以促进贫困个体、贫困家庭与贫困区域的协同发展，激活发展动力，阻断贫困发生的动因。产业扶贫可以充分改变贫困户“等、靠、要”的思想，调动他们脱贫的主动性、积极性，从而产生内生动力，变“输血”为“造血”。

产业扶贫目前还存在一些问题急需解决。一是很多贫困地区产业振兴基础不牢固，没有主导产业，或者虽然有产业但是只有产品没有品牌，或者是有品牌但无名牌，或者是有品牌但无规模，农产品品牌化程度太低，市场竞争力不够，无论是企业本身还是产品的宣传力度太差，无法与消费者诉求达到统一，更是没有产生品牌价值。二是产业链条短。在很多贫困地区第一二三产业融合程度不高，很多产品只是原材料或者初加工产品，农产品深加工跟不上、附加值低，没有形成产业链，农民很难大幅度受益。三是贫困地区龙头企业太少，产业规模化、组织化程度低，无法实现规模效益，无法带动贫困地区人口大规模就业，无法为贫困地区农户带来工资性收入。

产业扶贫不同于过去的资金扶贫、物质扶贫。送钱、送物只能解燃眉之急，不是长远之计。中国地区广阔，各地自然状况千差万别，只有发展适合当地情况的产业才可以形成可持续扶贫态势。因此，产业扶贫必须结合当地实际情况开展。一是强化政策扶持力度，改革完善体制机制，加大资金和外部企业引进力度，提高基础设施投资，改善农村贫困地区基础设施建设落后局面，为贫困地区的扶贫工作奠定良好基础。二是充分利用当地的特色资源优势、人力优势，培养经济支柱产业，引导农民、贫困户融入产业链中，实现龙头企业、合作社、基地、农户的有机结合，促进农业产业化、规模化发展，让产业带动地方经济发展，解决农民就业问题。三是做好人才引进、留用和培养工作，加强贫困地区农民技能培训，提高就业能力和水平。四是大力扶持龙头企业，引导贫困地区经济结构转型。鼓励大力发展规模化经营，拓宽农业产业化规模，用产业发展提升贫困群众致富能力。通过龙头企业的带动，让越来越多的贫困户获得新品种、新技术、新农业生产模式带来的高额收入，进而解放思想，促进资源优化配置，实现传统农业向现代农业转型，把扶贫产业真正做大做强。

产业是发展的根基，也是脱贫的主要依托。没有产业带动，就难以彻底脱贫，缺乏产业支撑，更难以持续脱贫。只有把产业扶贫“活水”源源不断流向田间地头，发展一个产业，带动一地经济，富裕一方百姓，才能从根本上保证有效脱贫、真正脱贫，全面打赢脱贫攻坚战、推进乡村全面振兴。

（本文刊发在《消费日报》2020年9月9日第一版）

45 做好农产品区域品牌建设文章

食为政首，农为邦本。在今年新冠疫情和洪涝灾害等多因素影响下，抓好农业生产，做好农产品区域品牌建设文章，生产优质农产品，保障粮食安全，把饭碗紧紧端在中国人自己手中就显得至关重要。

中央多次强调，要顺应新形势新要求，深入推进农业供给侧结构性改革。加快推进农产品区域品牌建设，是优化产品和产业结构、推进农业提质增效的有效手段，是转变农业发展方式、加快建设现代农业的一项紧迫任务，也是推进农业供给侧结构性改革的一个重要突破口。

农业的特殊性决定了农产品区域品牌建设的重要性。农业是对自然资源和生态环境有特殊要求的产业。我国幅员辽阔，不同区域自然资源数量和质量不同、生态环境各异，生产的农产品在品种和品质方面也存在差别。古人云，“橘生淮南则为橘，生于淮北则为枳”。正是农业生产的这一特点，决定了农产品具有鲜明的地域性，在特定的自然资源和生态环境下生产的农产品具有独特的品质。在某个特定的区域内生产出的某种产品，具有特别的优良品质和食用价值。因此，农产品区域品牌非常重要，具有普遍性的使用价值，超越了单个的企业品牌。农产品区域公共品牌的建设对区域内相关产业及其整体经济的带动和支持，对区域内农户生活质量的提升和改善，对产业链贯通一体的整合力、区域板块经济的再造与带动有着积极的意义。

目前，农产品区域品牌建设中存在一些问题。一是高端供给和需求脱节，供不应求。当前，我国农产品生产一方面呈现总量充足、温饱型农产品已经出现供需平衡甚至供过于求的局面，另一方面面临需求升级、高端消费市场空间扩大但有效供给跟不上的挑战。城市对农产品尤其是精品的消费需求越来越大，农产品质量安全、口味、色泽成为核心要素。传统的小规模生产、分散式经营已无法满足市场的需求。二是区域公共品牌建设管理流于形式，没有实效。以往不少农产品公共品牌的管理即使完成了战略规划，也往往是流于形式，或者简单套用工业品牌的战略管理模式，没有真正有针对性的措施和办法，导致管理效率与效果均不尽如人意。三是农产品区域品牌建设主体不清，多头管控。农产品区域品牌存在着多个品牌主体，来源于不同的县域，需要解决多头管控、责权界定不清等问题。

采取综合措施加大农产品区域品牌建设力度。首先要做好推进农业供给侧结构性改革，调整农产品结构，消除无效供给、增加有效供给，减少低端供给、增加高端供给。其次要大力开发适合当地气候、土壤、水质条件的农产品，推动地方名优特农产品提档升级、做大做优。以市场为导向，紧跟消费需求变化，充分挖掘具有地方历史、地理和文化特色的品牌价值，并以其为引领推动农产品由规模化生产向优质、专用、特色生产经营转变，形成独特的市场优势和竞争力。农业要实现优质发展，实现品牌化发展，就要在一个区域内，根据当地的自然条件特点，最大限度地发挥出区域的自然条件比较优势，选好品种，种植最适宜的作物，用各种技术手段，把品牌做出来，然后逐步做大规模，保证品质，加大宣传，做成名牌，使产品成为全国最优或者全国最优之一。最后要做好农产品区域品牌的保护工作。在农产品区域品牌建设中还要保护好农产品区域品牌，确保区域内的所有农产品都统一采取规范化的技术规程，保证产品品质。对于区域内质量差的产品，要采取措施，禁止使用区域品牌。

高度重视农产品区域品牌建设，加大对农产品区域品牌建设的支持力度。随着城乡居民消费加快升级，原先一些大规模生产的普通农产品已经卖不上价钱，甚至出现积压滞销。新形势下，进一步完善农业激励机制和支持政策，应顺应居民对食品消费升级趋势，把品质高、市场竞争力强的绿色优质农产品和农业生态服务供给放在更加突出的位置，大力推进农产品区域品牌建设，支持地方以优势企业和行业协会为依托，打造区域特色品牌，引入现代要素改造提升传统名优品牌。

周虽旧邦，其命维新。相信在所有“三农”人的共同努力下，积极使用新技术、推广新品种、调整产业结构，一定能够做好农产品区域品牌建设这篇大文章，推动“三农”事业高质量发展，谱写“三农”发展新篇章。

（本文刊发在《消费日报》2020年9月11日第一版）

后疫情时期中国消费经济的危与机

在习近平总书记亲自指挥和部署下，在党中央国务院的正确决策和坚强领导下，在全国人民尤其是医务人员的同舟共济浴血奋战下，我国抗击新冠肺炎疫情斗争取得重大战略成果。

疫情给中国消费经济带来的影响

虽然当前中国疫情防控整体形势良好，但仍然面临三方面问题：第一，全球疫情还在不断蔓延，未来一段时间仍然有不确定性。世界卫生组织发布的最新疫情报告显示，截至2020年10月9日，全球累计确诊病例超过3672万例，死亡超过106万例。新冠肺炎疫情已经成为全人类目前最大的共同敌人。第二，国际关系影响巨大。尤其是中美两国作为全球最有影响力的两个大国，中美关系严重影响着全球经济发展。自美国向中国发起一系列制裁后，两国关系降至冰点，矛盾也不断升级，世界各国都在观望中美两国关系的走向。第三，三大灾害肆虐。今年中国不仅赶上了史无前例的新冠肺炎疫情，有的省市还发生了严重的洪涝灾害、蝗虫灾害等危机，三大灾害同时肆虐，压力之大可以想象。

这次疫情对产业发展影响巨大。对第一产业农业影响相对小一些。对第二产业影响很大，对工业生产最主要的影响是订单下降、开工时间延迟、人力资源紧张、资金链面临断裂、原材料供应不上、产业链条中断、经营成本提升等一系列难题，影响了整个产业链条。疫情对第三产业服务业几乎是毁灭性打击。服务业涉及旅游、航空、酒店、电影院、批发零售、住宿、交通、文体娱乐等多个行业，这些领域受到的影响最大。景区关闭、旅客停滞、人流稀少，消费几乎为零。

疫情后中国消费趋势的变化

生活不仅仅需要非常惬意的自然环境，也呼唤更加和谐的人文环境，尤其是与我们日常生活息息相关的消费环境，会影响每个人的切身利益，因此疫情后消费趋势的变化值得关注。

一是消费习惯变化明显，疫情后大众消费普遍趋紧，更多人消费时越来越理性了。二是健康成为公众第一要务。几乎所有人都把卫生防疫、健康生活、安全饮食、体育健身作为消费重点领域。三是线上消费迅速崛起壮大。无论是云中课堂、线上购物还是远程医疗、在线健身等都得到快速发展。四是电商的发展，迅速拉平了城市间、城乡间的差距。得益于像淘宝、京东、拼多多等这样的电商网站的崛起，电商发展越来越快，物流已经覆盖了从城市到农村的每一个角落。各城市之间、城市与乡村之间在快消品等品类上的消费观已经趋同。五是消费者更加注重个性化、定制化消费。追求个性、追求与众不同成为新的消费趋势。更多人开始追求个性化消费而不是大众化的消费，追求定制化的消费，追求时尚消费、自我消费。六是新生代的消费力量已经崛起。“90后”“95后”，甚至2000年后出生的孩子，都已经成为消费的主体。这类群体舍得花钱，敢于消费，也敢于负债。他们大多数都是独生子女，几乎从未经历过挨饿受冻，普遍缺乏对苦难的深刻记忆，在他们消费理念当中更多关心品牌、关注品质和品位，而对于价格不是特别敏感。这种不同的消费观念将对市场产生深远影响。种种现象都可以看出经济发展进入了新常态，消费结构和消费环境都发生了变化。

疫情后中国消费经济发展的机会

本次疫情对世界是一次重大公共卫生安全事件，也是一次重大危机。应该辩证看待这次危机，要善于从以下几个方面寻找未来发展机会。

一是中国政府疫情期间实行的“六稳”“六保”政策。这项政策保障了中国经济发展的市场主体，稳定了经济基本盘，稳定了就业和民生，保障了市场链条稳定和基层运转的根本，从中可以找出很多发展机会。二是扩内需拉消费。扩大内需拉动消费涵盖的范围很广，可以扩大房地产消费、汽车消费、旅游休闲消费、文化体育娱乐消费、教育消费、健康消费、会展消费、节假日以及绿色消费等多个方面，做好国内大循环为主体、国内国外双循环相互促进的发展新格局。三是做好医药健康产业。这次疫情来临之后，市场创造出很多新的需求。比如医药产业，口罩、消毒液、呼吸机等防护用品需求量很大。疫情后，会有越来越多的人在医药健康方面加大投入和消费力度。四是数字化转型。在这次疫情中，以数字技术为基础的新产业、新业态、新模式异军突起，数字技术已经成为对冲经济下行压力的稳定器。可以预期，数字经济将开启新一轮经济周期，成为后疫情时期经济复苏的又一新动力。五是无接触消费成为后疫情时期经济发展强劲引擎。在疫情防控期间，以网络购物、在线办公、远程教学、互联网医疗、网上展会、直播卖货、无接触配送等为主要形式的无接触消费经济，对保障居民生活、各行业复工复产、社会经济恢复等方面发挥了至关重要的作用。

总之，客观看待疫情对经济发展的影响，深刻分析消费变化趋势，寻找新的发展机遇，在危机中育新机，在变局中开新局，必将有力促进中国消费经济持续健康长远发展。

（本文刊发在《消费日报》2020年10月13日第一版）

做好产业引领　助力乡村振兴

刚刚结束的党的十九届五中全会提出，优先发展农业农村，全面推进乡村振兴。坚持把解决好“三农”问题作为全党工作重中之重，走中国特色社会主义乡村振兴道路，全面实施乡村振兴战略，加快农业农村现代化。在中央的高度重视下，如何让农业成为有希望的产业，让农村成为大家羡慕的田园，让农民成为向往的职业，值得全社会关注。

产业兴，农村旺。乡村产业发展成为制约农村社会经济发展的重要因素，乡村产业是农民实现增收和农村繁荣发展的基础。乡村产业包括现代种养业、乡村特色产业、农产品加工流通业、乡村休闲旅游业、乡村新型服务业和乡村信息产业，其中农产品加工业是体量最大、产业关联度最高、农民受益面最广的产业。

促进乡村产业发展，需要大力发展农产品加工业。农产品加工业是发展潜力最大的乡村产业，产业链延伸的关键环节。加工业强不强，事关产业链长不长。农业结构调整、转型升级、供给侧结构改革，需要政府和市场共同发力促进农业转型升级。过去农产品价格低下的原因之一就是农产品加工存在短板，这一短板现在也成为乡村产业融合的短板。在产业融合发展上也需要大力发展农产品加工业。

在乡村产业发展中找出短板、做好规划、调整结构，提高收入，才能以产业发展助力乡村振兴。以农产品加工产业为例，审视目前乡村产业发展中存在的问题：一是农产品加工业转型融资难。农产品加工业是农业基础产业的延伸行业，需要大量生产资金配置，资金周转周期长。农产品加工企业大企业少，中小企业多，抵御风险能力弱。资金短缺问题一直是困扰农产品加工业发展的一大难题。二是农产品加工业龙头企业少。驰名中外的农产品龙头企业更少，这些企业普遍存在技术装备水平不高，科技创新能力较差，农产品加工与农业生产规模不协调、不匹配。三是农产品加工企业技术相对落后，科技创新人才匮乏。部分企业地处偏远地区，经济效益不好，对高端人才的吸引力不够，难以满足企业创新发展需求。四是农产品加工企业信息不对称。缺少准确市场信息、生产决策盲目、产品不能完全适应市场需求，导致部分农产品供大于求。

在乡村产业发展中，必须提高站位、开阔视野、做好规划、精准实施，通过产业的布局调整促进农业农村各项事业快速健康发展。

提高站位谋划在前。地方主管领导要提高站位，了解国内国际大市场，以市场为导向，以区域产业为基础，以地方优势作切入点，梳理地区产业优势，因地制宜发展区域农业产业，做好产业规划和市场开拓，帮助农民生产适合当地特色和市场需求的优质产品。

政策扶持龙头引领。要制定优惠税收政策，积极引进大体量龙头企业参与乡村产业发展，增加抵抗风险能力。要制定优惠融资政策，解决企业资金难题，支持企业发展。要制定人才引进政策，吸引优秀科技创新型人才到农村就业，引进先进科学技术帮助乡村企业转型发展。要及时兑现各项惠农奖补政策，切实保护就业者的积极性，确保各产业企业实现经济效益和社会效益双增长。

转变理念效益优先。要加大对从事乡村产业就业人员的技术培训力度，提高从业人员技术水平，提高就业能力。转变理念，扭转和改变过去散、小、乱的生产模式，把田间地头打造成“原料车间”，把加工流水线打造成“观光工厂”，把体验店打造成“现场制作”“线上销售”，把第二三产业留在农村，把就业岗位和增值收益留给农民。

打造品牌提升竞争力。要增强品牌意识，不断加强品牌建设，扩大市场覆盖率。要围绕特色创品牌，按照标准化生产、品牌化经营思路，努力打造1个至2个具有地区特色优势的全国原产地农产品知名品牌。如果没有本地特色的知名品牌，未来很难能够吸引产业聚集，也很难跳出“招商难”“产业园增长难”的恶性循环。在新时代要充分利用互联网、电商、直播带货推介等新型形式，全方位多手段拓宽农产品销售渠道，扩大市场，增加收入。通过乡村产业的综合发展全方位助力乡村振兴。

（本文刊发在《消费日报》2020年11月23日第一版）

48 厉行勤俭节约　遏制“舌尖上的浪费”

党的十九届五中全会提出，要保障国家粮食安全，提高农业质量效益和竞争力，实施乡村建设行动，深化农村改革，实现巩固拓展脱贫攻坚成果同乡村振兴有效衔接。习近平总书记一直高度重视粮食安全，多次强调要制止餐饮浪费行为。尽管我国粮食生产连年丰收，对粮食安全还是始终要有危机意识，今年全球新冠肺炎疫情所带来的影响更是给我们敲响了警钟。

重视粮食安全，刻不容缓。民以食为天，吃饭是最大的民生。目前我国已解决了温饱问题，但餐饮浪费现象也十分普遍，全国各地经常看到餐桌上的大量剩菜剩饭，随手扔掉，让人看了内心无比难受。可以说“舌尖上的浪费”情况非常严重，已经到了触目惊心的地步。餐饮浪费不仅是在浪费社会财富，更会威胁到我国粮食安全问题，不容小觑。今年以来，我国各地自然灾害频发，粮食生产面临严峻考验。云南、新疆等局部地区发生蝗灾，各地坚决采取措施，遏制暴发成灾，实现虫口夺粮。洪涝灾害对南方粮食主产区影响较大。从全球视野来看，粮食安全问题也不容忽视。近日，联合国向全世界敲响了粮食危机的警钟，在全球农业产业链条断裂、许多国家限制出口、蝗灾肆虐的多个因素影响之下，全球正遭遇50年来最严重的粮食危机。

一粥一饭，当思来之不易。中国历史上是一个农耕社会，长期低水平发展，过去饿肚子是大部分人的常态。改革开放40多年的发展使我们的日子好过了，但也不能奢靡，家底再厚，也禁不住造。近些年来，一些铺张浪费的不良习气有抬头趋势。虽然并不能动摇整个社会在珍惜粮食上的基本共识，但如若任其蔓延，贻害不浅。任何时候都要记住，节约光荣，浪费可耻。粮食就是再丰产丰收，就是再满仓满囤，也不该有一株一穗的浪费。过上了好日子，也绝对不能忘本。从餐饮需求角度看，不应浪费粮食。吃饱、吃好、吃得健康当然是可以的，这也是社会发展的基本追求，但不应该吃得铺张、吃得浪费。“谁知盘中餐，粒粒皆辛苦”“一粥一饭，当思来处不易；半丝半缕，恒念物力维艰”，值得我们每个人深思。从粮食安全角度看，不该浪费粮食。今年一场突如其来的新冠肺炎疫情，使世界多国纷纷囤粮，这正印证了一句老话，那便是“粮食打进仓，莫忘灾和荒”。对我们这样一个有着14亿人口的大国来说，“手中有粮、心中不慌”在任何时候都是真理。保障粮食安全，在任何时候都不能放松。从生态文明角度看，不能浪费粮食。有地才有粮，粮食是土地生产出来的。为了确保粮食产量，一些地方把用来涵养生态的坡地、荒地等，开发出来种植粮食，一些本来应该休耕的土地，现在也面临着“加班生产”的可能性。因此，浪费的粮食越多，就意味着会有更多的土地得不到“轮休”的机会。

厉行勤俭节约，遏制“舌尖上的浪费”。餐饮浪费，不是一个小问题，也不仅仅是一个经济问题，其关联非常宽广，影响非常深远，必须采取有效措施，厉行勤俭节约，遏制“舌尖上的浪费”。一是要制定法律法规监管。餐饮浪费现象，触目惊心、令人痛心，每天数以万吨计的食物被从餐桌上丢弃，遏制“舌尖上的浪费”，养成节约的好习惯，法律法规的约束不可或缺。因此，需要加强立法，用法律利剑约束餐饮浪费行为，对造成严重浪费行为的，要追究法律责任。二是要加强宣传教育引导。尽管我国粮食生产连年丰收，对粮食安全还是始终要有危机意识，今年全球新冠肺炎疫情所带来的影响更是给我们敲响了警钟。对于14亿人口的中国而言，厉行节约、反对浪费意义重大。要通过加强宣传教育，引导广大群众充分认识到遏制“舌尖上的浪费”对个人生活、对社会发展的重要意义，在全社会形成遏制“舌尖上的浪费”强烈认同感和良好氛围，深入宣传提倡“不光盘子，就丢面子”，让节约理念深入人心。三是要人人积极行动起来。遏制“舌尖上的浪费”人人有责。厉行节约，反对浪费，每个人都要从自身做起。摒弃餐桌奢侈浪费的陋习，爱惜农民的劳动付出，坚决遏制“舌尖上的浪费”。

（本文刊发在《消费日报》2020年12月1日第一版）

后疫情时期　以消费扶贫巩固脱贫成果

临近2020年年底，随着贵州省宣布最后9个县脱贫摘帽退出贫困县序列，我国832个贫困县全部实现脱贫，脱贫攻坚工作取得了历史性胜利。与此同时，从国务院扶贫办传来好消息：2020年1—10月，中西部22个省份共认定136130个扶贫产品，已实现销售2276.65亿元。虽然受到疫情冲击，2020年消费扶贫作为巩固脱贫成果、防止返贫的有力举措，彰显出了巨大能量。

2020年是决战脱贫攻坚，决胜全面建成小康社会之年，也是“十三五”规划收官之年和“十四五”规划谋划之年，是2035年远景目标展望之年。受到突如其来的新冠肺炎疫情对经济社会发展产生的重大影响，今年的脱贫攻坚难度骤然增大。疫情也同时引发了居民生活和消费方式的变化，尤其在疫情防控常态化的当下，把握好消费趋势变化带来的商机，在危机中育先机，于变局中开新局，扩大消费扶贫工作思路，则能够更好地巩固夯实脱贫攻坚成果。

巩固脱贫成果，政策的稳定性是基础。首先要保持当地脱贫政策总体稳定，脱贫帮扶措施不能“急刹车”，脱贫攻坚期后要明确设立过渡期，在过渡期内继续实行“四个不摘”，即摘帽不摘责任、摘帽不摘政策、摘帽不摘帮扶、摘帽不摘监管。应建立监测机制，对脱贫的县、乡、村包括贫困户进行精准监测。其次要保持当地产业发展政策的稳定性。摘帽地区应持续发展壮大扶贫产业，继续加强脱贫地区产业发展基础设施建设，继续立足本地资源，因地制宜打造独具特色的支柱产业，保持稳定的产品供应。要充分发挥龙头企业带动作用并继续加大扶持力度。

巩固脱贫成果，坚定地继续深入开展消费扶贫工作是重要措施。摘帽的贫困地区大多地处偏远，交通环境恶劣，就业增收机会少，再次因病、因灾返贫的概率很高，需要将其“扶上马”再“送一程”。消费扶贫可有效连接贫困地区和广阔市场，可以解决农产品买难卖难、品牌不强、流通不畅等诸多难题。消费扶贫效果近年来已经显现：国务院扶贫办数据显示，2019年，消费扶贫带动贫困地区实现农村居民经营净收入4163元，比上年增长7.1%，增速提高2.7个百分点。巩固脱贫攻坚成果，消费扶贫具有深远意义。

后疫情时期，做好消费扶贫工作要找准两个抓手。一是开展多元化消费扶贫工作模式。传统的模式多种多样，有设立扶贫专柜：在超市、商场、大型农产品批发市场等经营场所和公共场所醒目位置，开设农产品销售专区、专柜，举办形式多样的农产品产销对接活动；有组织政府采购：组织各机关单位团购贫困地区的优质农产品，定向采购，以购代捐，以买代帮，推动消费扶贫规模快速增长；有公益推介：联合媒体单位，通过刊发农产品公益广告，推介宣传贫困地区的优质农产品，促进产品销售。近年来电商销售发展迅速，疫情期间无接触消费需求进一步推动了线上消费。电商平台近年来开辟了扶贫专场，继续出台相应政策，鼓励和动员更多电商平台参与扶贫销售的工作，形成消费扶贫的全社会参与格局。

在疫情影响下，居家防疫的生活状态也使新的消费模式加速发展，比如火爆的直播带货。事实上，直播带货已经成为消费扶贫的新亮点。直播带货通过主播在网络视频直播间与消费者近距离互动，让消费者能够全面了解贫困地区农产品，产生信任感从而带动销售。今年疫情期间，各地各级领导干部纷纷走进网络直播间，开启直播带货模式。贵州省赤水市委常委、副市长陶兴国通过网络直播带货卖春笋，3个小时内，线上收看人数超过380万人次，春笋成交4万余单，销售100吨，销售额达141万余元。

二是消费扶贫工作内容要善于抓住后疫情时期消费新趋势，以实现供需的精准对接。在未来一段时间内，疫情带来的消费趋势变化还将存续。比如粮油肉蛋奶等日常生活品的消费坚挺；社交性、聚会性消费场景减少，家庭消费增加；健康消费方式和健康产品受到追捧；等等。应充分挖掘后疫情时期新消费趋势下的市场潜力，带动脱贫地区经济社会发展。

还应该认识到，虽然脱贫攻坚任务圆满完成，但我国区域发展不平衡的问题仍将存在，个体因为各种原因再次返贫亦有可能，党和政府改善民生的追求没有止境。疫情防控常态化下，适应消费新趋势、挖掘新的市场潜力，持续做好消费扶贫工作，是巩固脱贫攻坚成果、防止返贫致贫的关键举措，是推进乡村振兴战略，加快构建以国内大循环为主体、国内国际双循环相互促进新发展格局的重要动力。

（本文刊发在《消费日报》2020年12月25日第一版）

50 就地过年为疫情防控做贡献

时间的脚步走到了2021年，人们一直期待的疫情彻底消失没有变为现实，新冠肺炎疫情仍在全球范围内蔓延。截至1月17日，累计确诊病例接近9500万例，死亡病例突破200万例。国内疫情也需提高警惕，当前我国呈现多地局部暴发和零星散发状态，多个省市报告本土散发病例和聚集性疫情，这是入冬后全球各地疫情大幅度上升后，对我国外防输入造成疫情防控巨大压力的一种反映。疫情呈现持续时间长、涉及范围广、传播速度快、患者年龄大、农村比例高等特征，甚至在有些地方出现了社区传播、多代传播。再考虑到我国传统节日新春佳节即将来临，疫情防控形势非常复杂严峻。

按照我国传统习俗，每年春节都是交通运输压力最大的时候。春节期间人员流动大、聚集性活动多，大大增加了疫情传播的风险。同时，春节期间的物流强度也加大，低温条件下需要警惕进口冷链食品和其他货物被病毒污染引起输入性疫情的风险。每个公民都应该落实好国家部署的防疫措施，确保春节期间不发生大规模疫情反弹。

春节期间要坚持减少人员流动、减少旅途风险、减少人员聚集、加强个人防护，科学、精准、依法、有效防控疫情。提倡就地过年，坚持非必要不流动、居家过大年，非必要不出境，保家卫国，人人做贡献。通过每个公民的自觉行动，实实在在为疫情防控做贡献。

提高站位，顾全大局。把自身、家庭、亲朋好友及相关人员的个人防护，提高到维护大局、贡献社会、关爱生命、促进和谐的高度去对待。疫情防控，人人有责，疫情防控，从每个人做起。

非必要不出境，坚守规定。春节期间要尽量做到非必要不出境。如果一定要出行，要关注交通旅游信息，注意错峰出行，全程做好防护，尽量避免去人多的密集场所。一旦发生可疑症状也不要慌，一定要佩戴好口罩，到就近的医疗机构就诊。同时严格遵照单位规定，向单位请示告假，并落实好核酸检测和相关居家隔离观察等措施。

减少流动，就地过年。非必要不出行，减少流动，尽量在工作所在地就地过年。不去疫情中高风险地区、不去人员密集场所、不去人流量大的地方、不接近具有传染疫病可能人士，不扎堆、不聚集、戴口罩、勤洗手。

农村防控，重点关注。大部分农村地区医疗条件比较薄弱，防控能力相对比较差，特别是随着春节的到来，很多人员还是会返乡过年，城乡之间的人员流动会进一步加大，必须做好农村疫情防控。加大宣传、建立县乡村三级防控体系，做好从重点地区回来的人群摸排和健康监测，发现异常情况及时报告。加强对发热、干咳、咽痛这些呼吸道症状病例的监测，强调首诊负责。备足疫情防控场地、车辆、物资和人员等。一旦发生疫情，要迅速响应，全面开展疫情防控。

疫情无情人有情，共克时艰渡难关。积极行动，勠力同心，人人尽责，个个奉献，减少流动，就地过年，用实际行动为疫情防控做贡献。

（本文刊发在《消费日报》2021年1月19日第一版）

51 关注疫情防控常态下的高质量消费

新冠肺炎疫情对世界经济的严重冲击无须多言，随着天气转暖和接种疫苗人数的增多，国内疫情整体形势逐步平缓可控。那么如何克服新冠肺炎疫情对社会经济和人们生活带来的巨大影响，在疫情防控常态化之时，尽快提升居民消费水平，逐步提升居民的生活质量就成为必须重视的话题。

抗疫同时注重居民日常消费

疫情的发生，让越来越多的人意识到健康的重要，珍惜生命与健康，已经成为居民生活的首要原则。健康优先、生命重于一切的理念，在此次防疫中得以充分展现。生产可以暂时停滞，但人们衣食住行的日常生活却一刻也无法停顿下来。疫情的现实也让人们的消费习惯发生了变化，大家对安全食品的需求、对无接触消费的需求、对互联网工作模式的适应等都是新的需求变化。保障生命健康是大众消费活动的基本宗旨和前提。因此，能否适应生命健康消费至上的需要，构筑起坚实可靠的产业供应链和疫情防范机制，适时根据大众消费习惯更新消费结构，就显得尤为重要。如何充分利用互联网、大数据和人工智能，进一步拓展线上各类丰富多彩的文化、娱乐、教育活动，提升消费水平、提高生活质量，值得深入探讨和发掘。

正视消费复苏滞后于经济增势

疫情形势基本稳定之后，消费复苏不仅滞后于经济复苏，也滞后于收入增幅，没有出现原来预料的大规模“报复性、补偿性消费”。消费需求的这种变化需要科学看待，理性分析。

一是缓解疫情对消费心理的冲击需要时间。疫情面前，人们消费意愿更加谨慎，不愿消费、不敢消费的心理特征比较明显。疫情对低收入群体冲击更加巨大，他们的消费能力和消费意愿大幅度降低，消费冲动明显受抑制。

二是聚集性、群体性消费、线下消费受限。出于对疫情防控的整体要求，大规模、聚集性群体消费在很多场合还是受到限制的。像堂食餐饮、大型室内活动、旅游娱乐等非刚需活动就有很多限制。

三是新的消费模式的规范管理亟须加强。消费市场新业态新模式发展迅速，相关法规的建立与监管创新速度有些跟不上，这些领域侵犯消费者权益的投诉显著增多，短期内难以彻底实现放心消费、舒心消费。

在投资和出口下滑前提下，近几年消费对我国经济增长的贡献大幅增加，但实际拉动力仍然较弱，一般消费品供过于求的状态还在持续，经济增长要转型到主要依赖消费需求拉动，还任重而道远。

努力实现高质量消费

当前，全面建成小康社会已经取得决定性成就，中国经济已经步入以国内大循环为主、国内国际双循环相互促进的新发展时期，推动经济高质量发展，是中国经济社会较长时期的发展主题。高质量消费，是人民对美好生活向往的重要内容，是已经建成的全面小康社会居民消费发展的基本目标。

高质量消费就是高品质消费或者说是消费的高品质。提升居民消费生活品质，是今后相当长时期我国居民消费高质量发展的基本任务。只有高品质的生活消费，才能真正提升消费者的生活情趣、文化品位，增进消费者与生产者、流通者之间的社会联系和情感，促进消费主体全面发展。

从全面小康迈向富裕小康，并非只是消费物品和服务数量的增加和种类的扩充，更重要的是在消费过程中真正感受到生活品质提升的愉悦、充实和满足。在物质消费满足的基础上，增加文化精神消费。只有实实在在提升整个消费过程的品质，才是实质性的消费水平提高、消费结构优化和生活质量的提高。

今年是“十四五”规划开局之年，必须紧紧抓住构建新发展格局，推动高质量发展这个主题，从各个方面尽力消除发展中各种不平衡、不充分的短板和薄弱环节，努力实现居民消费生活品质的全面改善与提升，让百姓真正过上舒心的好日子，充分享受高质量消费带来的愉悦和满足。

（本文刊发在《消费日报》2021年3月15日第一版）

52 抓住机遇做好大健康产业

2021年是中国共产党成立100周年，在党的领导下，中国人民艰苦奋斗，努力拼搏，用双手书写了国家和民族发展的壮丽史诗，中华大地发生了感天动地的伟大变革。随着国民经济迅速发展，国力越来越强，百姓的日子也越来越好，消费市场进入转型升级新时代，消费新时尚不断涌现，如在线消费、绿色消费、智能消费、情怀消费、怀旧消费、健康消费等。而新冠肺炎疫情更是让健康消费成为消费升级的重要内容。

国家对大健康产业也是高度重视。2016年10月，中共中央、国务院印发并实施的《“健康中国2030”规划纲要》是今后15年推进健康中国建设的行动纲领。2017年10月，党的十九大再次强调实施健康中国战略。2019年国家层面成立健康中国行动推进委员会，制定印发《健康中国行动（2019—2030年）》，让健康中国行动有了具体载体。

习近平总书记高度关注人民健康。他强调，“没有全民健康，就没有全面小康”。大家要树立大卫生、大健康观念，把以治病为中心转变为以人民健康为中心。健康是人民群众美好生活的重要基石，也是经济社会发展的基础条件。确实如此，大家都说，健康是1，其他金钱、权力、地位等是0，如果没有1，有再多0，哪怕拥有整个世界又能如何呢。因此，健康的重要性无须多言。

大健康产业是可以带来大财富的产业

在经济发展新常态下，大健康产业方兴未艾，大健康时代呼之欲出。大健康是大财富，健康是个人、家庭的财富，也是企业、社会的财富。以人为本，身体健康是根本。只有拥有健康，才有人生出彩的资本。现在，人民群众对于健康、养生、长寿更加期待，迫切需要提供大健康服务。

2020年我国成为全球唯一实现经济正增长的主要经济体，国内生产总值历史上首次突破100万亿元，“十三五”时期，中国经济总量稳居世界第二，人均GDP连续两年超过1万美元。2021年4月16日，国家统计局公布的数字，一季度我国国内生产总值24.9万亿元，同比增长18.3%，是近30年来中国单季GDP同比增长的最高水平，是近30年的世界纪录。

随着经济的发展和人们健康观念的转变，越来越多的人开始注重健康，从事健康产业，大健康产业前景无限。数据显示，2015年大健康产业产值3.8万亿元，2020年年底是8万亿元，到2030年将会达到16万亿元，大健康产业市场无限，大健康产业是可以创造大财富的产业。

大健康产业是跨行业的产业

所谓大健康，就是围绕人的衣食住行、生老病死，对生命实施全程、全面、全要素地呵护，不仅追求个体身体健康，也追求心理健康、精神健康。大健康产业涉及人们生活、生命的各个领域，涉及多个部门和产业。

大健康产业横联三个产业，涵盖中药材种植、药品加工、药品研制、医疗器械、健康服务、健康旅游等多个领域，越来越多的企业开始涉足大健康产业。健康产业已成为国民经济的重要支柱，相较发达国家，我国还处于起步阶段，发展潜力巨大。

大健康产业是发展大机遇的行业

随着中国逐步进入老龄化社会，老龄人口逐步增多。据有关部门统计，目前我国老年人口数量为2.12亿，到2050年将达到4.8亿。老年人口的迅速增长，和老年有关的产业需求势必急剧加大，老年人的健康管理和医疗诉求更加迫切。

近年来，各级政府为此也做了大量工作，但诸多社会问题依然频频出现，食品药品安全、饮水安全、职业安全和环境问题等也成为重大健康隐患，人们的生活环境、生活方式发生巨大变化，慢性病、老年病、肥胖症以及亚健康等问题趋于增多。人们的关注焦点和热点都在大健康产业，因此这也将是大健康产业飞速发展的一个黄金机遇期，因此我们应该抓住这个黄金发展机遇期，努力做好大健康产业。

（本文刊发在《消费日报》2021年4月29日第一版）

53 新消费助推经济高质量发展

在以国内大循环为主体、国内国际双循环相互促进的新发展格局下，如何不断拓展消费新市场，捕捉消费新机遇，如何发挥新消费作用，助推中国经济高质量发展非常重要。

系列数字彰显我国经济的健康发展

在新冠肺炎疫情冲击下，2020年我国国内生产总值达101.6万亿元人民币，同比增长2.3%，人均GDP连续两年突破1万美元，我国成为全球唯一实现经济正增长的主要经济体。2021年第一季度GDP为24.9万亿元，同比增长18.4%，达到近30年新高，在全球主要经济体中位列首位。消费需求持续恢复，投资需求稳定增长，净出口需求有所改善。随着国内疫情防控形势向好，刚刚过去的五一假期期间，市民消费热情高，人们的生产生活逐步回到正轨，第一二三产业呈现快速复苏趋势，消费市场回暖态势明显。其中，以“吃、购、游”为主要内容的假日生活消费，在新技术、新业态、新发展模式下，激发出新的活力，不断创造消费新高。

新技术、新业态拓宽消费新模式

有关数据显示，今年五一假期，有32%的游客体验了在线预订，33%的游客体验了扫码、刷脸等无纸化入园，98%的游客认可景区预约……

5G、大数据、云计算、人工智能等新技术的应用，加速了智慧旅游新业态的发展，不仅让人们体验到智慧旅游的便利，也进一步促进了旅游消费的增长。直播带货、在线教育、线上医疗、在线会议等新业态在新技术的支撑下风生水起。拓宽了消费市场的新模式，创造了经济发展的新机遇。

新生代银发族形成消费新力量

新生代的消费力量已经崛起了。经过改革开放40多年的迅猛发展，中国人的消费观念已彻底改变，特别是“90后”“95后”，甚至2000年后出生的孩子，已经成为消费的主体。这类群体舍得花钱，敢于花钱，也敢于负债。他们大多数都是独生子女，几乎从未挨过饿受过冻，普遍缺乏对苦难的深刻记忆，对于“把一分钱掰开两半花”没有任何概念。这个群体已经成为整个社会消费的主流。在他们消费理念当中，更多关注品牌、品质、品位，而对于价格不是特别敏感，他们的消费份额也越来越大。

伴随我国逐步步入老年社会，银发族的消费力量不容忽视。据有关统计，目前我国老年人口数量为2.12亿，到2050年将达到4.8亿，他们对健康、医疗、高质量生活等的诉求越来越多，这个群体存在的巨大消费需求将不容忽视。

新蓝海、新空间打造消费新市场

目前消费在城乡之间发生了一些微妙变化，一二线城市开始趋向理性消费，三四五线城市则开始享受消费升级，不少过去只能在一二线城市看到的进口品牌，如今在农村市场获得了很好的销量。农村消费增速连续8年高于城镇，网络零售成为“新增长极”，服务性消费占比不断提升。尤其电商的发展，迅速拉平了城市间、城乡间的差异。物流服务已经覆盖了从城市到农村的每一个角落。快递“小马哥”满大街都是，城市间的差距在收窄，各城市之间、城市与乡村之间在快消品等品类上的消费观已经趋同。同时，疫情常态化下，越来越多游客选择到周边乡村度假休闲，乡村旅游发展不断成熟，农村市场已经成为壮大国内消费市场的新蓝海。

在新技术支撑下，新的业态必将出现，新的消费力量也正在崛起，新的消费蓝海正在形成，新的消费模式将会推动中国经济高质量发展，创造更加美好的世界，让消费者享受更加美好的生活。

（本文刊发在《消费日报》2021年6月1日第一版）

后　记

自2018年年底到《消费日报》社工作以来，开始更多关注中国消费经济的发展变化。改革开放40余年来，华夏大地经历了翻天覆地的变化，书写了中华民族史诗级壮美画卷。这幅从无到有、从有到强的美丽画卷，也映射出了中国百姓衣食住行各方面的巨变。

在这个消费转型升级新时代，消费者每一天都会发现新的产品、新的技术、新的消费方式和理念。在消费升级和变迁的大潮中，有励精图治者、孜孜以求者、奋发图强者，为壮大“中国制造”作出了不可磨灭的贡献。但不可避免地，也有投机取巧和滥竽充数者，在人们的消费生活中击打着不和谐的音符，甚至使消费者蒙受损失和伤痛。

作为专注于消费领域的媒体之一，我觉得《消费日报》应该发出自己的声音，表达自己的观点，保护消费者权益，更新消费理念，引导消费趋势和潮流。正是基于这个目的，我提出创建“消费时评”专栏，让报社发出独家声音。时代需要怎样的消费？什么样的消费是健康的、可持续的？什么样的消费是难以为继、没有前途的？希望通过一系列稿件来弘扬真善美、抨击假恶丑，为消费者点亮一盏指路明灯。

作为一名电视工作者转行到报社工作没多久，我觉得自己的文笔没有那么犀利、思维也没有那么睿智，更谈不上才华横溢，但来自农村的我还是对普通百姓的衣食住行、冷暖寒湿关注有加，对养育我的这片黄土地饱含深情。

2020年年初新冠肺炎疫情暴发，消费的时钟突然停摆，为了抗击疫情，人们“宅在家中做贡献”，居家办公，大家时刻都在关注着疫情的变化，媒体的焦点自然也汇聚在疫情上。6月，武汉刚刚走出疫情的阴霾，北京新发地市场却又出现新发病例。在这个艰难时刻，跟相关专业人士沟通后，立即撰写了《相信北京》一文。之所以只用“相信北京”这四个字，我认为这短短四个字含义深刻：北京不仅仅是北京市，北京还代表中国，相信北京，不仅仅是相信北京市的医疗技术和抗疫水平，还相信的是中国的抗疫能力，相信的是中国特色社会主义制度优势和以习近平同志为核心的党中央坚强领导，相信一定能够战胜这次疫情。因此在文章中发出了媒体人的最强音：“北京绝不会成为武汉2.0！人类终将战胜疫情，人民也终将过上更加美好的生活。”

此文一经刊发，各大主流媒体踊跃转发，点击量迅速突破百万，据不完全统计，全网阅读量达几百万之多，稳定了“抗疫军心”，赢得了人心。该文还荣获“第32届中国经济新闻大赛”新闻评论类二等奖。在那段惶恐和迷茫的日子，这篇文章给大家吃了定心丸，给了人们战胜疫情的勇气和信心。

春节是中国人的传统节日，也是每年一度中国人大迁徙的日子。在抗疫的特殊节点上，我撰写了《就地过年为疫情防控做贡献》，号召大家“春节不出门，居家过大年。减少流动，减少聚集，以实际行动为疫情防控做贡献”，有力配合和支持了国家的抗疫工作。

随着人们生活水平的提高，铺张浪费的现象也随之出现。从饭店、酒店，到火爆的直播，饕餮浪费之事屡见不鲜。我看在眼里，疼在心中。《厉行勤俭节约　遏制“舌尖上的浪费”》指出，“近年来，习近平总书记一直高度重视粮食安全，多次强调要制止餐饮浪费行为。尽管我国粮食生产连年丰收，对粮食安全还是始终要有危机意识。尤其受全球新冠肺炎疫情的影响，更是让人们深刻体会到‘手中有粮、心中不慌’在任何时候都是真理。‘一粥一饭，当思来之不易’‘家底再厚，也禁不住毫无节制狂吃乱造’。”有多个朋友、领导发来信息说，看到这篇文章生动朴实的语言，很多人红了眼圈、湿了衣襟。

有人说我走到哪里都带着电脑，整天笔记本不离身。其实仔细回想，自己的这些文章基本上都是在出差的高铁上、候机大厅和飞机上或者深夜在家里静静加班时思考撰写的。每当完成一篇评论合上电脑的瞬间，自己都有一种深深的满足感，这也许就是写文章带给我的快乐吧。

看到我的一些文章有人评价说文如其人。其实我就是想用最朴实的语言告诉人们最深刻的道理，用广大读者最容易接受的方式深入宣传党的路线、方针、政策，把党和国家的经济发展风向和惠民举措用最质朴的方式传播颂扬。

在《消费日报》工作的日子，是我人生中最难忘最多元的日子，感谢那么多领导、同事、朋友给予我的支持和帮助，让我能够明知征途有艰险，还敢于迎难永向前。无论夙兴夜寐、日夜兼程的奔波努力，还是风风雨雨、遗失在时间洪流里的高光时刻，永隽心中，皆为收获。

仅以这些文章留住记忆吧。

2021年5月12日